Jürgen Heidig

☆

Macht-Scharade
+Dokumentation+
75 Jahre BRD

Jürgen Heidig

☆

Macht-Scharade
+Dokumentation+
75 Jahre BRD

Mai 2024
Selbstverlag ☆ Jürgen Heidig
Hamburg

Konrad Adenauer zum vollzogenen Verrat am »Potsdamer Abkommen«, – dem Vertrag der alliierten Siegermächte des »Zweiten Weltkrieges« vom 2. August 1945 zwischen der UdSSR, den USA und Großbritannien über das faschistische Deutschland.

»Wären diese Beschlüsse wirklich durchgeführt worden, [...] wären auch die drei westlichen Zonen, also ganz Deutschland, kommunistisch geworden.«

Gliederung

1. Vorwort

Vor 75 Jahren, am 24. Mai 1949, wurde der deutsche Separatstaat BRD gegründet. Die Proklamation des westdeutschen Staates verursachte und besiegelte die jahrzehntelange territoriale Zerlegung Deutschlands. Das Restterritorium im Osten blieb mit 18,4 Mio. Einwohnern als wirtschaftlicher Torso zurück. Das Gebiet der »Sowjetischen Besatzungszone« umfasste 108 333 Quadratkilometer und nahm knapp ein Drittel der Gesamtfläche Deutschlands ein. Rohstoffvorkommen waren außer Braunkohle so gut wie keine vorhanden.
Den Menschen in der »Sowjetischen Besatzungszone« wurden 1945 die Reparationszahlungen an die UdSSR zur Wiedergutmachung für die verheerenden Verwüstungen des »Zweiten Weltkrieges« durch das faschistische »Großdeutsche Reich« auferlegt. Die Gesamtsumme der deutschen Zahlungsleistungen an die UdSSR umfasste »101,2 Milliarden DM«. Von diesen Reparationsleistungen mussten die Ostdeutschen »99,1 Milliarden DM« = rund 98 Prozent begleichen. Dafür wurden in der »Sowjetischen Besatzungszone« zwischen 1945 und 1952 etwa »3.000« noch funktionierende Industriebetriebe komplett demontiert und in die UdSSR verfrachtet. Die Beteiligung der Westzonen und der am 24. Mai 1949 gegründeten BRD an den Kriegsentschädigungen belief sich demgegenüber bis 1953 auf »bescheidene« 2,1 Milliarden DM. [1]

❖

Wie die vorliegende Dokumentation verdeutlicht,

gibt das Datum 24. Mai 1949 für die Mehrheit des deutschen Volkes, das Proletariat keinen Anlass zum Jubilieren. Vor allem die 1990 ungefragt und konterrevolutionär in die BRD »eingemeindeten« DDR-Bürger stehen bis heute vor dem Scherbenhaufen ihrer Geschichte. Das in Deutschland herrschende Monopol – und Finanzkapital und die Kaste der Millionäre hingegen haben allen Grund für tiefe Dankbarkeit gegenüber den Separatisten anno 1949.

Mit der Gründung des bundesdeutschen Staates in den Westzonen wurde die »heilige« kapitalistische Ordnung vor dem drohenden Untergang gerettet. Die Interessen des Monopol- und Finanzkapitals werden seitdem unter allen Bedingungen hundertprozentig sichergestellt und durch den »neu geborenen« deutschen Staat hervorragend vertreten. Der Wille der deutschen Bürger, vor allem der größten sozialen Klasse der Arbeiter und Angestellten, spielt im kapitalistischen deutschen Herrschaftsbereich seit seiner Gründung nur die Rolle der ungefragten und ausgebeuteten Produzenten von Mehrwert und Profit. Deren Interessen, vor allem ein menschenwürdiges Leben in sozialer Sicherheit, fiel vor 75 Jahren der vom siechen Sterbebett auferstandenen Kapitalherrschaft zum Opfer. Diese Vorherrschaft des Monopol- und Finanzkapitals und der Kaste der Millionäre wird bis heute heuchlerisch als Demokratie bezeichnet. Der 1949 aus den geistigen Trümmern des faschistischen Reiches reanimierte kapitalistische deutsche Staat nimmt dafür seither selbst seine eingeschränkte staatliche Souveränität billigend in Kauf. Wie die folgenden Fakten belegen, hat

der deutsche Jubilar auch nach der Staatsgründung 1949 sein eigenständiges und selbstbestimmtes politisches Handeln an den Potentaten, die Vereinigten Staaten von Amerika abgetreten – bis heute. Jeder, der seit 1945 insgesamt vierzehn amtierenden Präsidenten der USA führte in Kontinuität diesen Herrschaftsanspruch über ihren Satellitenstaat BRD stabil weiter.
Auch 2024 zeigt sich die von der Realität belegte staatliche Unterordnung Deutschlands und seine direkte Abhängigkeit von politischen, ökonomischen und militärischen Entscheidungen der USA. Das heißt, auch 75 Jahre nach seiner Erschaffung hängt Bundesdeutschland am Tropf des Weltmachtstrebens der USA und befindet sich stetig auf einer glitschigen Schleimspur Richtung Washington.
Das staatliche Agieren Deutschlands am Gängelband der USA dokumentiert dieses Buch an zahlreichen Beispielen. Einer der drastischsten Belege für die begrenzte staatliche bundesdeutsche Souveränität spiegelt sich, wie insbesondere unter Punkt zwölf »NATO-Aufmarschgebiet Deutschland« näher beleuchtet, in der öffentlich zur Schau gestellten selbstherrlichen Besatzer-Manier der US-Militärs in Deutschland wider. Die BRD spielt für die USA seither eine wichtige strategische und logistische Rolle. Insbesondere als Drehscheibe für den Fall einer kriegerischen Eskalation mit Russland. Dafür »dürfen« die deutschen Steuerzahler blechen! Sehr deutlich wird das teilsouveräne Verhalten Deutschlands in den Entscheidungen der aktuellen gegenwärtigen Bundesregierung unter SPD-Bundeskanzler Olaf Scholz bezüglich des brisanten Stellvertreterkrieges

in der Ukraine. Die Abgeordnete des Bundestages, Sevim Dağdelen, stellte im September 2023 fest: »Die Ampelkoalition hat sich beim Wirtschafts- und Stellvertreterkrieg in der Regel als Transmissionsriemen der Entscheidungen Washingtons verstanden – bis dahin, dass sich die Bundesregierung von den USA bei den Panzerlieferungen sogar in die erste Reihe schieben ließ. Damit spitzt sich eine Entwicklung zu, in der die Bundesrepublik zum einen als US-Truppenstützpunkt wie ein unsinkbarer Flugzeugträger der USA agiert und in der US-Investmentfonds in der deutschen Wirtschaft eine bestimmende Funktion einnehmen konnten. Die Bundesregierung agiert hier wie die politische Vertretung einer Kompradorenbourgeoisie im Lateinamerika der 1970er-Jahre, als Erfüllungsgehilfe der Interessen von US-Konzernen. Das geht so weit, dass die Ampel dabei ist, die wichtigen Wirtschaftsbeziehungen zu China aufs Spiel zu setzen – auf die Gefahr hin, der deutschen Automobilindustrie, in der über 800.000 Beschäftigte arbeiten, den Todesstoß zu versetzen.« [2] Das nunmehr bereits traditionelle, bis heute praktizierte gleichgeschaltete Agieren Deutschlands unter den Yankees mutet dem Beobachter also zunehmend wie das Verhalten eines inoffiziellen Bundesstaates der USA an.

Es ist an der Zeit für eine Bilanz der vergangenen fünfundsiebzig Jahre. Die »Macht-Scharade« verzichtet dabei bewusst auf die umfassende Darstellung der antifaschistisch-demokratischen und volksdemokratischen Prozesse nach 1945 in der »Sowjetischen Besatzungszone« und in der am siebenten Oktober 1949 gegründeten Deutschen Demokratischen Republik. Deren Entwicklung ist in den bisherigen Publikationen des Autors umfassend analysiert und dokumentiert. [3]

2. »Potsdamer Abkommen«

Am 8. Mai 1945 kapitulierte die Wehrmacht des faschistischen Deutschlands am Ende ihres Kreuzzuges gegen fremde Herren-Länder vor den alliierten Armeen der Anti-Hitler-Koalition der UdSSR, der USA und Großbritanniens. Nach sechs Jahren Profit-gesteuerter kapitalistischer staatlicher Großmannssucht und völker- und menschenverachtender Barbarei lag das »Großdeutsche Reich« zerschlagen am Boden. Deutschland hinterließ mit dem Ende des »Zweiten Weltkrieges« auf dem Globus über 80 Millionen Kriegstote, verbrannte Erde, Not und soziales Elend. Ein tragisches Symbol für die Kriegsverbrechen des »Großdeutschen Reiches« und die darauf folgende Kriegswende ist das russische Stalingrad. Am 31. Januar 1943 kapitulierte im Kessel von Stalingrad die vernichtend geschlagene 6. faschistische deutsche Armee mit 90.000 Mann unter dem Befehlshaber Generalfeldmarschall Paulus. Der Kampf um Stalingrad tobte vom 17. Juli 1942 bis zum 2. Februar 1943. Zurück blieb eine erschreckende Bilanz. Allein auf dem Schlachtfeld Stalingrad starben weit über eine Million, vor allem russische Soldaten und eine bis heute weitgehend unbekannte Zahl an Zivilisten. Stalingrad hatte vor dem deutschen Überfall auf die UdSSR knapp eine halbe Million Einwohner. Nach der Rückeroberung der Stadt durch die »Rote Armee« waren davon weniger als 8 000 Einwohner übrig.

»Der am Vortag (von Adolf Hitler) zum Generalfeldmarschall befördert Paulus geht am 31. Januar 1943 in sowjetische Kriegsgefangenschaft.
(Foto: Bundesarchiv, Bild 183-F0316-0204-005 /CC-BY-SA 3.0)«

Mehr als 27 Millionen Menschen wurden in der gesamten Sowjetunion Opfer des verbrecherischen deutschen Raubkrieges. Die Lage am 23. August 1942, knapp sechs Monate vor der deutschen Kapitulation in Stalingrad: »Die vierte Luftflotte der (deutschen) Luftwaffe griff die Stadt mit aller Macht an und zerstörte an einem halben Tag mehr als die Hälfte des Wohnungsbestandes. Nach schweren Sprengbomben, die die Häusergerüste bis auf die Grundmauern zerstörten, kam Brandmunition zum Einsatz und verursachte zahlreiche Brände. Ein gewaltiger, feuriger Wirbelsturm verwüstete die zentralen Regionen und breitete sich bis an den Stadtrand aus. Stalingrad, das vor dem Krieg blühte, sah aus wie ein gepflügtes Feld mit den Skeletten von Gebäuden und Schornsteinen. [...] Es schien, als würde die Stadt, die in Feuer und Rauch ertrunken war, nicht mehr in der Lage sein, Widerstand zu leisten. Doch die Bombardierung vom 23. August war nur der Anfang der heldenhaften Verteidigung Stalingrads durch sowjetische Truppen, die mehr als sechs Monate dauerte. [...] Insgesamt unternahm der Feind bis zu zweitausend Einsätze an einem Tag. Etwa tausend Flugzeuge verschiedener Typen nahmen an dem Angriff teil. Sie bombardierten mit einem festen Teppich, ohne sich einzelne Ziele auszusuchen. Die Piloten der Luftwaffe hatten eine Aufgabe – die Stadt vom Angesicht der Erde zu tilgen. [...] Am Ende des Tages lag der größte Teil Stalingrads in Trümmern. Allein am 23. August starben nach Angaben von Historikern zwischen 40.000 und 50.000 Menschen. Etwa 50.000 wurden verletzt. [...] Die Situation in der Stadt wurde dadurch verschärft, dass es fast unmöglich war, die wütenden Brände zu löschen – die Wasserversorgung wurde durch Bomben lahmgelegt. Es war unmöglich, Wasser aus der Wolga zu pumpen – auf ihrer Oberfläche brannten ausgelaufene Ölprodukte. Das schwer verwundete Stalingrad [...] ging als Symbol des heldenhaften Widerstands des sowjetischen Volkes und als Grab für fast eine Million deutscher Soldaten in die Geschichte ein.

Foto Heidig, 30. September 2012, Denkmal-Ruine in Stalingrad, heute Wolgograd.

Der Satz, der im Tagebuch eines von ihnen festgehalten wurde, wurde der ganzen Welt bekannt:

›Wir müssen nur einen Kilometer bis zur Wolga gehen, aber wir können es nicht. Wir führen schon länger Krieg für diesen Kilometer als für ganz Frankreich, aber die Russen stehen da wie Felsbrocken...‹ [...] Nach Ansicht einer Reihe von Militärhistorikern konnte die Wehrmacht die Ergebnisse der Luftwaffe nicht nutzen. Infolgedessen sah die Bombardierung nicht wie eine Militäroperation aus, sondern eher wie ein Terrorakt. Auf die gleiche Weise kann man charakterisieren, wie heftig die Deutschen den Transport mit Zivilisten bombardierten, die aus der Stadt evakuiert wurden.« [4]

❖

Rund dreißig Monate nach der Schlacht um Stalingrad fanden sich am 17. Juli 1945 die drei über

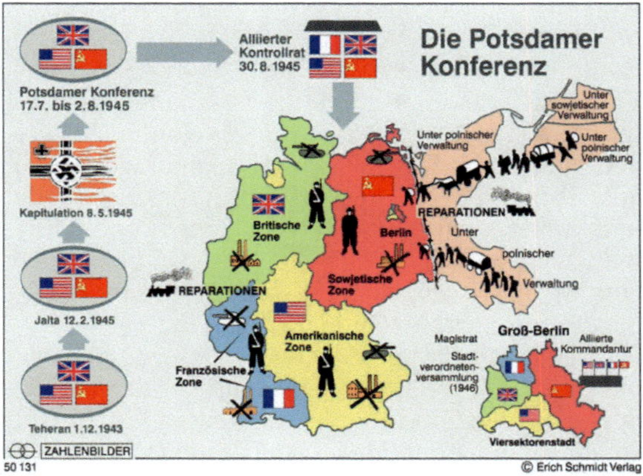

Quelle: https://gepoli.wordpress.com/tag/nationalsozialismus/

Deutschland obsiegenden alliierten Siegermächte UdSSR, USA und Großbritannien in Potsdam zusammen. Im Ergebnis verabschiedeten diese das »Potsdamer Abkommen«. Das ehemalige Territorium des besiegten faschistischen Deutschlands wurde daraufhin geschrumpft und in vier Besatzungszonen zerstückelt. Die »Mitteilung über die Dreimächtekonferenz von Berlin [›Potsdamer Abkommen‹]« vom 2. August 1945 verkündete folgendes strategische Ziel der Siegermächte des »Zweiten Weltkrieges«: »Am 17. Juli 1945 trafen sich der Präsident der Vereinigten Staaten von Amerika, Harry S. Truman, der Vorsitzende des Rates der Volkskommissare der Union der Sozialistischen Sowjetrepubliken, Generalissimus J. W. Stalin, und der Premierminister Großbritanniens, Winston S. Churchill, sowie Herr Clement R. Attlee auf der von den drei Mächten beschickten Berliner Konferenz [...] Die Konferenz schloss am 2. August 1945. [...] Präsident Truman, Generalissimus Stalin und Premierminister Attlee verlassen diese Konferenz, welche das Band zwischen den drei Regierungen fester geknüpft und den Rahmen ihrer Zusammenarbeit und Verständigung erweitert hat, mit der verstärkten Überzeugung, daß ihre Regierungen und Völker, zusammen mit anderen Vereinten Nationen, die Schaffung eines gerechten und dauerhaften Friedens sichern werden. [...] Alliierte Armeen führen die Besetzung von ganz Deutschland durch, und das deutsche Volk fängt an, die furchtbaren Verbrechen zu büßen, die unter der Leitung derer, welche es zur Zeit ihrer Erfolge offen gebilligt hat und denen es blind gehorcht hat, begangen worden. [...]

Das Ziel dieser Übereinkunft bildet die Durchführung der Krim-Deklaration über Deutschland. Der deutsche Militarismus und Nazismus werden ausgerottet, und die Alliierten treffen nach gegenseitiger Vereinbarung in der Gegenwart und in der Zukunft auch andere Maßnahmen, die notwendig sind, damit Deutschland niemals mehr seine Nachbarn oder die Erhaltung des Friedens in der ganzen Welt bedrohen kann.
Es ist nicht die Absicht der Alliierten, das deutsche Volk zu vernichten oder zu versklaven. Die Alliierten wollen dem deutschen Volk die Möglichkeit geben, sich darauf vorzubereiten, sein Leben auf einer demokratischen und friedlichen Grundlage von neuem wiederaufzubauen.« [5]

❖

Am 1. Oktober 1946 endete vor einem internationalen Tribunal in Nürnberg der erste Kriegsverbrecherprozess, der am 20. November 1945 begonnen hatte. Angeklagt waren die faschistischen Größen Göring, Heß, Ribbentrop, Ley, Keitel, Kaltenbrunner, Rosenberg, Frank, Frick, Streicher, Funk, Schacht, Dönitz, Raeder, Schirach, Sauckel, Jodl, Bormann, Papen, Seyss-Inquart, Speer, Neurath und Fritzsche.

Zwölf von ihnen wurden zum Tode verurteilt. Der angeklagte Ley brachte sich selbst um. Hitler, Himmler und Goebbels begingen angesichts ihrer Verbrechen bereits zum Kriegsende Selbstmorde. Göring folgte am Tage nach der Verkündung des Todesurteils mit seinem Suizid, deren Beispiel.

3. »Eiserner Vorhang« und »Truman-Doktrin«

Nur knapp acht Monate nach der Unterzeichnung des »Potsdamer Abkommen« wurden völlig konträre Pläne der westlichen Siegermächte USA und Großbritannien zum gemeinsamen Beschluss vom 2. August 1945 ruchbar. Die mit der UdSSR getroffene Übereinkunft, dass »ihre Regierungen und Völker zusammen mit anderen Vereinten Nationen die Schaffung eines gerechten und dauerhaften Friedens sichern werden«, schien nicht mehr aktuell. Die Ursache dafür wurde im Westminster College in Fulton (US-Bundesstaat Missouri) gesetzt. Der frühere britische Premierminister Winston Churchill (Premierminister – von 1940 bis 1945 sowie von 1951 bis 1955) hielt dort am 5. März 1946 eine Rede. Churchill formulierte die Theorie vom »Eisernen Vorhang« und legte damit den Grundstein für die Konfrontation zum einstigen Verbündeten UdSSR und für die staatliche und juristische Verfolgung von Kommunisten, linken Parteien, Gruppen und Personen. Churchill postulierte: »Die Vereinigten Staaten stehen zu dieser Zeit an der Spitze der Weltmacht. [...] Es ist jedoch meine Pflicht, Ihnen bestimmte Tatsachen über die derzeitige Lage in Europa vorzulegen. Von Stettin in der Ostsee bis nach Triest an der Adria ist ein eiserner Vorhang über den Kontinent gefallen. Dahinter liegen alle Hauptstädte der alten Staaten Mittel- und Osteuropas. Warschau, Berlin, Prag, Wien, Budapest, Belgrad, Bukarest und Sofia; Alle diese berühmten Städte und die Bevölkerung um sie herum liegen in dem,

was ich als sowjetische Sphäre bezeichnen muss, und alle unterliegen in der einen oder anderen Form nicht nur dem sowjetischen Einfluss, sondern einem sehr hohen und in einigen Fällen zunehmenden Maß an Kontrolle von Moskau aus. Die Sicherheit der Welt, meine Damen und Herren, erfordert eine Einheit in Europa, aus der keine Nation dauerhaft ausgestoßen werden sollte. [...]
In einer großen Anzahl von Ländern, weit entfernt von den russischen Grenzen und auf der ganzen Welt, sind kommunistische fünfte Kolonnen errichtet und arbeiten in völliger Einheit und absolutem Gehorsam gegenüber den Anweisungen, die sie vom kommunistischen Zentrum erhalten. Außer im britischen Commonwealth und in den Vereinigten Staaten, in denen der Kommunismus noch in den Kinderschuhen steckt, stellen die kommunistischen Parteien oder die fünfte Kolonne eine wachsende Herausforderung und Gefahr für die christliche Zivilisation dar. [...] Nach dem, was ich von unseren russischen Freunden und Verbündeten während des Krieges gesehen habe, bin ich überzeugt, dass sie nichts so sehr wie Stärke bewundern und nichts, dem sie weniger Respekt zollen als der Schwäche, insbesondere der militärischen Schwäche. Aus diesem Grund ist die alte Lehre vom Kräfteverhältnis nicht mehr richtig. Wenn wir helfen können, können wir es uns nicht leisten, an engen Grenzen zu arbeiten und einen Versuch der Stärke in Versuchung zu führen.« [6]
Der von Winston Churchill deklarierte »Eiserne Vorhang« war indes nicht einfach, wie von ihm zum Ausdruck gebracht, »über den Kontinent gefallen«.

Dieser wurde in den Folgejahren unter Führung des amtierenden 33. Präsidenten der USA (1945 bis 1953) und Unterzeichner des »Potsdamer Abkommen«, Harry S. Truman, gezielt entfaltet. Alle dreizehn bis 2024 auf Truman folgenden US-Präsidenten führten und entwickelten den »Eisernen Vorhang« stabil weiter. Der Kodex der US-Monroe-Doktrin von 1823, welcher diplomatische, politische und bewaffnete Interventionen in allen Ländern der Erde als einen dauerhaften und stetigen Grundsatz der US-amerikanischen Außenpolitik festlegte, stand dafür Pate. Ein Jahr nach der Fulton-Rede von Winston Churchill gab Präsident Truman am 12. März 1947 eine Erklärung vor dem US-Kongress ab. Der US-Präsident formulierte vor dem Repräsentantenhaus in Washington, es müsse »der außenpolitische Grundsatz der Vereinigten Staaten werden, allen Völkern, deren Freiheit von militanten Minderheiten oder durch einen von außen ausgeübten Druck bedroht ist, unseren Beistand zu leihen«. [7]
Weiter verkündete Truman seine Strategie zur Umsetzung des »Eisernen Vorhang« und zur Kommunistenverfolgung. Seine politische Kreation ging in die Geschichte als Geburtsstunde der »Truman-Doktrin«, des weltweiten Herrschaftsanspruchs der Vereinigten Staaten von Amerika ein. Diese Richtlinie bedeutete das Ende der Kriegskoalition der USA mit der Sowjetunion und markierte den Beginn des »Kalten Krieges«. Der vereinte Westen *hinter* dem »Eisernen Vorhang« richtete seine Strategie fortan auf die Zurückdrängung und Vernichtung der vermeintlichen »kommunistischen fünften Kolonnen«

zur Sicherung der »Vereinigten Staaten [...] an der Spitze der Weltmacht«. Der erklärte Gegner *vor* dem »Eisernen Vorhang«, die UdSSR und deren verbündeten Staaten hatten ihrem sozialistischen Charakter entsprechend ganz andere gesellschaftliche Ziele: die Gestaltung einer friedlichen, menschenwürdigen, lebenswerten sozialen Gesellschaft für alle seine Bürger – ohne Kapitalherrschaft und kapitalistische Ausbeutung.
Durch die alliierten Truppen der Anti-Hitler-Koalition wurde 1945 der militärische Sieg über den Faschismus errungen. Geblieben war mit der »Truman-Doktrin« nur die Erkenntnis, die Karl Marx und Friedrich Engels bereits 1848, einhundert Jahre früher im »Manifest der Kommunistischen Partei« formulierten, »Ein Gespenst geht um in Europa – das Gespenst des Kommunismus«. [8] Dieses althergebrachte Phantom erhielt mit der 1945 obsiegenden Sowjetunion als reale akute Gefahr für das herrschende Weltkapital »neue«, brisante Aktualität. In den Jahren nach der Rede Winston Churchills im Westminster College in Fulton kam der »Eiserne Vorhang« an zwei Fronten zum Einsatz:

1. Zur Zurückdrängung und Vernichtung der vermeintlichen »kommunistischen fünften Kolonnen« im *Inneren* der USA und in den Ländern des vereinten Westens. Unter Präsident Truman und danach unter Präsident Dwight David »Ike« Eisenhower fand von 1947 bis etwa 1956 die nach McCarthy bezeichnete aggressive Kommunistenverfolgung statt. So auch in den von den Westalliierten besetzten Zonen Deutschlands und ab 1949 im Separatstaat

BRD. Im Einflussbereich der USA grassierte damit ein langjähriger, äußerst menschenverachtender und schonungsloser Antikommunismus.

2. Nach *außen* etablierte sich mit dem »Eisernen Vorhang« eine neue Form der Aggression, der »Kalte Krieg« gegen die nach 1945 im neu entstandenen »Ostblock« verbündeten Staaten. Dieser bediente sich auch hier eines dumpfen Antikommunismus und einer zielgerichteten antikommunistischen Massenmanipulation der Bürger in diesen Staaten und der eigenen Bürger. Der »Kalte Krieg« wurde fortan mit allen Mitteln und immer am Rande eines neuen direkten heißen Weltkrieges geführt.

Es waren nicht die UdSSR und deren Verbündeten, welche den »Eisernen Vorhang« erfanden und herabließen, wie uns die bürgerlichen Geschichtsrevisionisten und die gleichgeschalteten bürgerlichen Medien bis heute eher beiläufig verkaufen wollen. Gemäß dem Auftrag von Fulton sank der Vorhang dem Willen der USA und ihrer Bündnispartner entsprechend. Der »Kalte Krieg« des vereinten Westens mit Wirtschaftsembargo, politische Erpressung, Konfrontation und Abschottung hatte immer nur ein Ziel, das des »Roll back«, – der Wiederherstellung der »heiligen« kapitalistische Ordnung und der weltweiten Vormachtstellung der USA.
Das aktuellste Beispiel dafür ist der jahrzehntelange »Kalte Krieg« der USA und ihrer Verbündeten mit eben diesem Wirtschaftsembargo, politischer Erpressung und Konfrontation gegen die sozialistische Inselrepublik Kuba. Deren Außenminister Bru-

no Rodríguez klagte am 21. Oktober 2023 die USA wiederholt wegen der gegen sein Volk verhängten Sanktionen an. »›Die Blockade ist ein Akt des Völkermords‹. [...] Die Sanktionen zwischen März 2022 und Februar 2023 (haben) weitere Schäden in Höhe von mehr als 4,8 Milliarden US-Dollar (4,5 Milliarden Euro) verursacht. Seit ihrem Beginn fügte die Wirtschaftsblockade dem Land Verluste von rund 160 Milliarden Dollar zu.« [9] Die Völker der Welt verurteilen heute fast einhellig den kriminellen Machtmissbrauch durch die USA. »Im Rahmen der jüngsten Sitzungsperiode der UN-Generalversammlung haben am 2. November (2023) 185 Staaten für die Resolution zur Aufhebung der US-Blockade gegen Kuba gestimmt. Nur zwei Staaten stimmten gegen die Resolution (USA, Israel), und einer enthielt sich (Ukraine). Damit wurden die USA seit 1992 zum 31sten Mal in den Vereinten Nationen einhellig verurteilt und der Verletzung der UN-Charta und der internationalen Rechtsprinzipien beschuldigt.« [10]

4. US-Geheimplan – Spaltung

Als die Siegermächte am 2. August 1945 in Potsdam ihre Ziele für ein friedliches neues Deutschland und dessen Wiederaufbau souverän und feierlich manifestierten, legten sie fest: »Während der Besatzungszeit ist Deutschland als eine wirtschaftliche Einheit zu betrachten. Mit diesem Ziel sind gemeinsame Richtlinien aufzustellen hinsichtlich [...] der Währung und des Bankwesens [...].« [11] Doch dieses vereinbarte Ziel passte, der Rede Churchills und der »Truman-Doktrin« folgend, sehr schnell nicht mehr zur gemeinsamen Strategie des »Eisernen Vorhangs« und damit in das Gesellschaftskonzept der USA und ihrer westlichen Verbündeten für Deutschland. »Eine wirtschaftliche Einheit« stand ihrer naheliegendsten Aufgabe, der Sicherstellung der kapitalistischen Ordnung in den von ihnen besetzten Gebieten im Wege. Für die kapitalistische Reorganisation nahmen die Besatzungsmächte USA, Großbritannien und Frankreich von Beginn an eine dauerhafte Zerlegung Deutschlands nicht nur billigend in Kauf, sondern organisierten und forcierten diese. Sie schufen dafür in den von ihnen besetzten westdeutschen Zonen zügig Fakten. Der folgende terminliche Ablauf ihrer Aktionen offenbart die Wortbrüchigkeit an den Beschlüssen der »Dreimächtekonferenz von Berlin [›Potsdamer Abkommen‹]«. Hauptakteur des Verrats: die Vereinigten Staaten von Amerika. Bereits 1946 erblickte deren Geheimplan – deutscher Separatstaat, das Licht der Welt. Die Aktionen der Strippenzieher:

- *20. Mai 1946.* Lucius D. Clay war General der US-Armee und von 1947 bis 1949 Militärgouverneur in der amerikanischen Besatzungszone Deutschlands. Clay legte am 20. Mai 1946 im US-Hauptquartier den von den amerikanischen Professoren Gerhard Colm, Joseph Morrell Dodge und Raymond W. Goldsmith entworfenen »Homburger Plan« für eine separate Währungsreform in den drei westlichen deutschen Besatzungszonen der USA, Großbritanniens und Frankreichs vor. »In der ›Sonderstelle Geld und Kredit‹, deren Leiter zunächst Ludwig Erhard war, wurde der ›Homburger Plan‹

als deutsche Planungsvariante für eine Währungsreform für den Bereich aller Besatzungszonen entworfen.« [12]

- *12. März 1947.* Der Präsident der USA, Harry S. Truman, deklarierte die unter Punkt drei zitierte »Truman-Doktrin« zur Umsetzung des »Eisernen Vorhang« und zur Kommunistenverfolgung.
- *5. Juni 1947.* US-Außenminister George C. Marshall publizierte den später nach ihm benannten »Marshall-Plan« (offiziell: European Recovery Program, ERP). Am 3. April 1948 wurde dieser vom US-Kongress beschlossen. Mit diesem Programm wurden »Hilfsgelder« unter anderem für die zerschlagene Wirtschaft in den drei westdeutschen Besatzungszonen bereitgestellt. Das profane Ziel, – entgegen den Festlegungen des »Potsdamer Abkommen« – die Beibehaltung beziehungsweise Wiederherstellung der alten Vorkriegs-Besitz- und Machtverhältnisse in Deutschland. Gemäß der am 5. März 1946 in Fulton, Missouri, formulierten Konfrontationsstrategie trat am 8. April 1948 der »Marshall-Plan« in Kraft. Die Intention dieses Vorhabens bestand nicht in uneigennütziger und humanitärer Hilfe für alle im Zweiten Weltkrieg zerbombten und verwüsteten Länder. Der »Marshall-Plan« diente ausschließlich der Sicherung des dominanten wirtschaftlichen, politischen und militärischen Einflusses der USA zur Sicherung der Weltherrschaft. Er zielte dementsprechend vor allem auf die vollständige Abhängigkeit und Unterwerfung

Westeuropas und dessen Remilitarisierung zum Kampf gegen die UdSSR und die sogenannten »kommunistischen fünften Kolonnen«. Der »Marshall-Plan« sollte das kapitalistische Wirtschaftssystem in diesen Ländern sichern und hörige, abhängige Vasallenstaaten installieren. Gleichzeitig wurden leistungsfähige militärische Kapazitäten in diesen Ländern geschaffen. Als der US-Kongress 1946 eine Hilfsanleihe für Großbritannien beschloss, fand sich die treffende Begründung dafür, die auch für den »Marshall-Plan« gelten kann. Der damalige US-Senator Wheeler erklärte: »Soweit ich das übersehe, ist der einzige Sinn einer solchen Anleihe, die Engländer soweit zu stützen, dass sie den Kommunismus in Europa entmachten können«. [13]
Das »European Recovery Program« der USA umfasste bis 1952 Hilfen in Form von Krediten, Rohstoffen, Lebensmitteln und Waren im Wert von rund 13,9 Milliarden US-Dollar. Großbritannien erhielt davon 3,44 Milliarden, Frankreich 2,8 Milliarden, Italien 1,5 Milliarden und die BRD 1,4 Milliarden US-Dollar. Diese Länder nahmen für die USA die dominanteste Lage zur Schaffung eines Bollwerkes gegen den Kommunismus und heute zur Sicherung ihrer Hegemonie gegen Russland in Europa ein.

- *1. März 1948.* Die Militärregierungen der USA, Großbritanniens und Frankreichs in Westdeutschland verkündeten die Gründung der »Bank deutscher Länder« und die Bildung einer gemeinsamen Wirtschaftseinheit sowie die

Zusammenführung ihrer drei deutschen Besatzungszonen zur sogenannten »Trizone«. Damit hörte Deutschland auf, als zusammengehöriges Wirtschaftsgebiet zu existieren.

- *19. Juni 1948.* »Die Welt« berichtet über die Geheimoperation des »Colm-Dodge-Goldsmith -Plan« zur Ausgabe von Separat-Geld in den Westzonen: »Dieser außerordentlich strenge Diskretionszwang ist sowohl von diesen Herren als auch von jenen wenigen Persönlichkeiten, die als wissenschaftliche Experten an den Arbeiten des Colm-Dodge-Goldsmith-Komitees teilnahmen, in vollem Umfang gewahrt worden.« [14]
  Der US-Diplomat Robert Murphy bemerkte zu dieser Aktion: »Tonnen dieses neuen Geldes wurden dann in Washington gedruckt und — um Spekulationen zu verhindern – in größter Heimlichkeit nach Deutschland befördert. Dieses Projekt hieß ›Operation Bird Dog‹«. [15]
  In der »Frankfurter Allgemeine Zeitung« war zu lesen: »Die Sowjetunion sollte nichts erfahren, die Deutschen schon gar nicht und die eigene Bevölkerung am besten auch nicht. Selbst die englische Regierung wurde erst ins Vertrauen gezogen, als die Operation schon längst begonnen hatte, als 23.000 Holzkisten von New York nach Bremerhaven verschifft worden waren [...].« [16]
- *20. Juni 1948.* Die Militärgouverneure der USA, Großbritannien und Frankreichs verkündeten im deutschen Rundfunk die Einführung der neuen Währung »Deutsche Mark« und die

Ausgabe der Banknoten in ihren Besatzungszonen ab dem 20. Juni 1948 (drei Tage später auch in den drei Westsektoren Berlins). Mit dieser offiziellen Verkündung existierten die Grundlagen des gesamten »Potsdamer Abkommens« nicht mehr. Die historische Spaltung Deutschlands fand damit bereits 1948 in Verantwortung der USA, Großbritanniens und Frankreichs statt. Sie stießen mit ihrem Handeln bei den überkommenen Persönlichkeiten des »Dritten Reiches« in den Westzonen auf freudige Zustimmung. Die Stadt Berlin, im Herzen der »Sowjetischen Besatzungszone« gelegen, wurde mit der Einführung der D-Mark in zwei Teile, in zwei Währungsgebiete getrennt. Der spätere CDU-Bundesminister für gesamtdeutsche Fragen in der Adenauer-Regierung, Johann Baptist Gradl, verkündete in Westberlin: »Von nun an läuft zwischen den Westzonen und der Sowjetzone auch eine Währungsgrenze. Jenseits der Zonengrenze ist Ausland, Devisenland«. [17]

- *24. Juni 1948.* »Der Westwährung war die Rolle eines Kampfmittels gegen die Sowjetzone und die Sowjetische Besatzungsmacht zugedacht. Mit eiligst eingerichteten Wechselstuben wurde die D-Mark im Verhältnis 1:4 und höher gegen die in der SBZ (›Sowjetische Besatzungszone‹) im Umlauf befindliche Reichsmark getauscht. Das erforderte schnelle und rigorose Maßnahmen von Seiten der SMAD (›Sowjetische Militäradministration‹). In der Nacht zum 24. Juni 1948 unterband sie den Güter- und

Passagierverkehr per Eisenbahn zwischen den Westzonen und Berlin.
Der spätere Oberbürgermeister (von West-Berlin) Ernst Reuter tönte an diesem Tag auf dem Hertha-Sportplatz: ›Wir Sozialdemokraten, wir haben in diesem Kampf in Berlin die Führung übernommen!‹«. [18]

- *24. Januar 1949.* »Der spätere US-Außenminister John Foster Dulles feierte am 24. Januar 1949 bei einer Rede in Paris die Berlinkrise: ›Die gegenwärtige Lage ist für die USA aus propagandistischen Gründen sehr vorteilhaft. Dabei gewinnen wir das Ansehen, die Berliner Bevölkerung vor dem Hungertod bewahrt zu haben. Die Russen aber erhalten die ganze Schuld wegen ihrer Sperrmaßnahmen.
Wenn wir uns in der Berliner Frage einigen, so müssen wir jedoch sofort auf einen russischen Vorschlag rechnen, der die Forderung nach einer Zurückziehung der Besatzungstruppen und eine Rückgabe Deutschlands an die Deutschen enthält‹«. [19]
- *2. März 1949.* Die politische Interessenübereinstimmung der agierenden westdeutschen Politiker und der neuen westlichen »Partner« USA, Großbritannien und Frankreich, welche auch die künftigen frischen staatlichen »Verbündeten« werden sollten, erwies sich als sehr tragfähig. Beispielgebend dafür war der 2. März 1949. An diesem Tag wurde eine Gruppe des »Parlamentarischen Rates« der Westzonen von den Militärgouverneuren der westlichen Besatzungsmächte USA, England und Frankreich

nach Frankfurt am Main einbestellt. Den geladenen Mitgliedern des Rates wurde ein »Memorandum der Militärgouverneure zum Grundgesetz« übergeben, welcher als Entwurf bei diesen zur Genehmigung (!) eingereicht worden war. Die drei Kernaussagen des Memorandums:

»1. Meine Kollegen und ich haben Sie gebeten, heute hierher zu kommen, um Ihnen zu einigen Bestimmungen Ihres vorgeschlagenen Grundgesetzes, wie es vom Hauptausschuß des Parlamentarischen Rates angenommen worden ist, unsere Bemerkungen zu machen. Wir haben dieses Dokument im Hinblick auf das Aide-mémoire geprüft, das unsere Verbindungsoffiziere Ihnen am 22. November 1948 übergeben haben.

2. In einer Reihe von Bestimmungen weicht das Grundgesetz von den ins einzelne gehenden Grundsätzen ab, die in jenem Aide-mémoire dargelegt sind. Indessen sind wir bereit, das Dokument als ein Ganzes betrachtend, einige dieser Abweichungen außer acht zu lassen; aber gleichzeitig halten wir es für nötig, Ihre Aufmerksamkeit abermals mit allem Nachdruck auf andere Bestimmungen zu lenken, die nach unserer Ansicht von jenen Grundsätzen in bedauerlichem Maße abweichen.

3. Erstens möchten wir darauf hinweisen, daß die Zuständigkeiten der Bundesregierung, wie sie jetzt in Artikel 36 niedergelegt sind, nicht genügend klar definiert sind, um die Stellung der Länder in einem föderativen System ange-

messen zu wahren. Um dies zu verbessern, regen wir an, daß Sie die jetzigen Artikel 36 und 36 a streichen und einen neuen Artikel 36 an die Stelle setzen, der, sehr weitgehend auf Ihrem eigenen jetzigen Wortlaut beruhend, im wesentlichen wie folgt lauten könnte:

›Art. 36. (1) Die Länder behalten die Gesetzgebung auf den nachstehend aufgezählten Gebieten, außer wenn es offenbar für ein einziges Land unmöglich ist, wirksame Gesetze zu erlassen, oder wenn solche Gesetze, falls erlassen, den Rechten oder Interessen anderer Länder schädlich wären. [...]‹« [20]

Die Militärgouverneure in den Westzonen drangen nunmehr darauf, schnellstmöglich einen eigenständigen deutschen Separatstaat als »Bollwerk gegen den Kommunismus« zu schaffen. Sie nahmen mit ihrem Memorandum vom 2. März 1949 richtungsweisenden, detaillierten und energischen Einfluss auf, das dann am 23. Mai 1949 in undemokratischer Art und Weise ohne das Volk beschlossene und am 24. Mai verkündete Grundgesetz der aus der Taufe gehobenen Bundesrepublik Deutschland.

Otto Grotewohl, der spätere Ministerpräsident der Deutschen Demokratischen Republik, bemerkte dazu auf der 6. Tagung des »Deutschen Volksrates« am 19. März 1949 in Ostdeutschland: »Es ist überaus bezeichnend, daß dieses Verfassungsdokument oftmals an die Westalliierten ging, um die Vereinbarkeit mit den Londoner Beschlüssen festzustellen, aber nicht ein einziges Mal dem deutschen Volke und den deutschen Volksvertretungen zugewiesen wurde, um die Vereinbarkeit mit den Interessen des deutschen Volkes festzustellen.« [21] Die im Folgenden skizzierte Farce des Ablaufs der Entstehung des BRD-Grundgesetzes belegt den offensiv vorangetriebenen Zerlegungsprozess Deutschlands durch die Eleven der USA in den deutschen Westzonen.

»75 Jahre Parlamentarischer Rat: Feierstunde des Deutschen Bundestages am 1. September 2023 in Bonn

Zeit: Freitag, 1. September 2023 , 11.00 Uhr
Ort: Museum Koenig Bonn, Adenauerallee 160, 53113 Bonn

Aus Anlass des 75. Jahrestages der konstituierenden Sitzung des Parlamentarischen Rates veranstaltet der Deutsche Bundestag am 1. September 2023 eine Feierstunde im Museum Koenig in Bonn und hat dazu die Repräsentanten der Verfassungsorgane und andere hochrangige Gäste eingeladen. Nach einleitenden Worten von Bundestagspräsidentin Bärbel Bas hält Bundespräsident a.D. Joachim Gauck die Festrede.
Im Museum Koenig hatte der Parlamentarische Rat 1948 seine Eröffnungsfeier. Die Feierstunde am 1. September 2023 eröffnet eine Reihe von Veranstaltungen des Deutschen Bundestages zum Jubiläumsjahr 75 Jahre Grundgesetz – 75 Jahre Deutscher Bundestag, die bis zum 7. September 2024 stattfinden werden.
Im Anschluss an die Feierstunde findet im Museum Koenig eine Begegnung von Jugendlichen mit den Repräsentanten der Verfassungsorgane statt. Die Jugendlichen aus Bonn und Potsdam präsentieren die Ergebnisse eines Workshops zum Thema 75 Jahre Parlamentarischer Rat.« [22]

1. Länderparlamente eines seit 1945 nicht mehr existenten »Großdeutschen Reiches«(!) in den drei westlichen Besatzungszonen delegierten 1948 zum Zweck der Beschlussfassung über das Grundgesetz *fünfundsechzig* (!) stimmberechtigte und die Westzonen Berlins *fünf* nicht stimmberechtigte Abgeordnete in den aus der Taufe gehobenen »Parlamentarischen Rat« Westdeutschlands.
2. Der vom »Parlamentarischen Rat« vorgelegte Entwurf des Grundgesetzes wurde daraufhin von einer Zweidrittelmehrheit(!) der Länderparlamente »in Baden, Bayern, Bremen, Ham-

burg, Hessen, Niedersachsen, Nordrhein-Westfalen, Rheinland-Pfalz, Schleswig-Holstein, Württemberg-Baden und Württemberg Hohenzollern [...] beschlossen«. [23] Der Landtag in Bayern stimmte damals zuerst gegen das Grundgesetz, was aber nicht zum Scheitern desselben führte.

3. In der Einleitung zum Grundgesetz für die Bundesrepublik Deutschland vom 23. Mai 1949 wurde fixiert: »Der Parlamentarische Rat hat am 23. Mai 1949 in Bonn am Rhein in öffentlicher Sitzung festgestellt, dass das am 8. Mai des Jahres 1949 vom Parlamentarischen Rat beschlossene Grundgesetz für die Bundesrepublik Deutschland in der Woche vom 16.-22. Mai 1949 durch die Volksvertretungen von mehr als Zweidritteln der beteiligten deutschen Länder angenommen worden ist.« [24]
4. Die Mitglieder der Kommunistischen Partei Deutschlands, Max Reimann und Heinz Renner, lehnten im so konstituierten »Parlamentarischen Rat« die Bildung eines separaten deutschen Staates in den Westzonen grundsätzlich ab. Sie forderten eine Volksabstimmung über den vorgelegten Entwurf des künftigen Grundgesetzes der BRD. Am 8. Mai 1949 stimmten Reimann (damals Vorsitzender der KPD) und Renner gegen das vorgelegte Verfassungsdokument und verweigerten am 23. Mai 1949 auch seine offizielle Unterzeichnung. Max Reimann formulierte vor dem Plenum des »Parlamentarischen Rates«:

»›Sie, meine Damen und Herren, haben diesem Grundgesetz, mit dem die Spaltung Deutschlands festgelegt ist, zugestimmt. Wir unterschreiben nicht. Es wird jedoch der Tag kommen, da wir Kommunisten dieses Grundgesetz gegen die verteidigen werden, die es angenommen haben‹«. [25]

5. Der abschließende Akt der staatlichen Zerlegung Deutschlands erfolgte am 24. Mai 1949, – das Grundgesetz der Bundesrepublik Deutschland trat in Kraft.
6. Am 14. August 1949 fanden die Wahlen zum ersten »Deutschen Bundestag« der BRD statt.

»Die Kommunisten Heinz Renner (links) und Max Reimann sahen voraus, was mit dem Grundgesetz geschehen würde – bei seiner Unterzeichnung am 23. Mai 1949 blieben sie sitzen. (Foto: picture alliance / dpa |UP).« [zu 25]

Konrad Adenauer (CDU) wurde zum ersten Bundeskanzler der BRD gewählt.

In Adenauer hatten die USA und ihre westlichen Verbündeten im Verlauf des gesamten Abspaltungsprozesses einen soliden, aktiven und kooperativen Partner. Der CDU-Bundeskanzler bildete damit in Deutschland die »Speerspitze« für die Durchsetzung der von US-Präsident Harry S. Truman verfolgten Machtansprüche auf deutschem Boden. Das »Alibi« Adenauers für sein praktiziertes Handeln zur Zerlegung Deutschlands ist in dessen Autobiografie nachlesbar: »Wären diese Beschlüsse (des »Potsdamer Abkommens«) wirklich durchgeführt worden, [...] wären auch die drei westlichen Zonen, also ganz Deutschland, kommunistisch geworden«. [26] Für Konrad Adenauer war die Dekonstruktion Deutschlands also vor allem ein wichtiger Meilenstein zur Sicherung der deutschen Kapitalherrschaft. Sein Motto: lieber das halbe Deutschland ganz als das ganze Deutschland halb. Aus dem verständlichen Grund der Verschleierung des Spaltungsverbrechens an den Deutschen gaben die verursachenden Täter dafür fortan der »Ostzone« und dann der später gegründeten DDR die Schuld. Die auch heute noch zu vernehmende manipulative Auffassung, Berlin oder gar Deutschland sei mit dem Bau der Berliner Mauer am 13. August 1961 fragmentiert worden, war und ist eine lächerliche Geschichtsklitterung und schizophrene Schutzbehauptung. Für das Konterkarieren des »Potsdamer Abkommens« nach 1945 und die deutsche Teilung tragen die politisch Verantwortlichen in den USA, Großbritannien und Frankreich im engen Bündnis mit ihrem westdeutschen Gefolge die Verantwortung.

5. Separatstaat BRD in Aktion

Mit der BRD-Staatsgründung machten die bundesdeutschen Kapitalvertreter demokratisch da weiter, wo das »Deutsche Reich« 1945 aufhörte zu existieren. Die politisch Verantwortlichen in den Westzonen gingen mit ihrer bürgerfeindlichen Handhabung von »Demokratie«, welche deren primitivsten Grundregeln missachtete, einfach zur geübten bourgeoisen Tagesordnung über. Jegliche Bemühungen von fortschrittlichen demokratischen Kräften in den Westzonen eine Spaltung Deutschlands 1949 doch noch zu verhindern, negierten Adenauer und seine »Dirigenten« aus Übersee »erfolgreich«.
Auf diese Art und Weise wurden die Deutschen in den Westzonen zu keiner Zeit in die Entscheidung über die Gründung des geplanten Separatstaates BRD und in die Schöpfung des Grundgesetzes einbezogen. Ein Volksentscheid darüber fand niemals statt. Diese Handhabung der Vorbereitung und Entscheidung über das Verfassungsdokument des »neuen« deutschen Staates folgte damit Prinzipien, die mit der anerkannten Definition von Demokratie, der »Volksherrschaft« und der »Volkssouveränität« nicht annähernd etwas gemein hatten. Es war Jean-Jacques Rousseau, der 1762 in seinem Werk »Vom Gesellschaftsvertrag oder Grundsätze des Staatsrechts« die wissenschaftliche Erkenntnis formulierte: »Das den Gesetzen unterworfene Volk muss deren Urheber sein; die Bedingungen der Gesellschaft zu regeln kommt nur denen zu, die sich

vergesellschaften [...].« [27] Dieses profane Wissen spielte für Konrad Adenauer und seine US-»Kapellmeister« keine Rolle. Handlungsmaxime war einzig die Sicherung des Fortbestehens des westlichen kapitalistischen Wirtschafts- und Herrschaftssystems. Daran hat sich für die Machthabenden auch heute, 75 Jahre später, nichts geändert. Die praktizierte negierende Haltung zum Souverän, also dem BRD-Volk und die Nicht-Umsetzung von Demokratie, der »Herrschaft des Volkes«, stehen seit 75 Jahren in der Bundesrepublik im Widerspruch zu den eigenen permanenten Proklamationen. Der Artikel 79 (2) des Grundgesetzes der BRD regelt diesen Missstand. Bis zum heutigen Tage bedarf es nach wie vor nur »der Zustimmung von zwei Dritteln der Mitglieder des Bundestages und zwei Dritteln der Stimmen des Bundesrates«, [28] um das dem Volk 1949 oktroyierte Grundgesetz auch wieder einfach und zügig ändern zu können. Eine Legitimation von Verfassungsänderungen durch den Souverän, das deutsche Volk, ist im Grundgesetz *nicht* vorgesehen und bisher auch nicht erfolgt. Damit aber erhält dieses Dokument die demokratische »Beliebigkeit« irgendeines bundesdeutschen Gesetzes. Von Grundgesetzänderungen durch parlamentarische Zweidrittelmehrheiten wurde in Westdeutschland seit 1949 reger Gebrauch gemacht. Seither ist das Verfassungsdokument durch eine für den einfachen Bürger unüberschaubare Vielzahl von Gesetzen des Bundestages im Zusammenspiel mit dem Bundesrat verändert worden. Auf der Seite *»https://gg.docpatch.org/#zeitleiste«* werden diese Änderungen am Grundgesetz ⇩prägnant erlebbar:

»→ *Präambel*

Es wurden hier 25 Prozent des Textes entfernt, 16 Prozent kamen hinzu, 59 Prozent blieben unverändert. 1949 hieß es dort noch: Das deutsche Volk habe sich das Gesetz gegeben – auch für jenen Teil des Volkes, dem das verwehrt war. Den Menschen in der damaligen DDR. Seit 1990 sind dort alle Bundesländer aufgeführt.

»→ *Artikel 12a*

Seit 1968 ist die allgemeine Dienstpflicht, also der Wehrdienst, im Grundgesetz verankert. Schon immer war aber in Artikel 4 geregelt, dass niemand zum Dienst an der Waffe gezwungen werden darf. Die Aussetzung der Wehrpflicht 2011 erfolgte im Wehrpflichtgesetz.

»→ *Artikel 16a*

wurde 1993 eingeführt. Er regelt das Recht von politisch Verfolgten auf Asyl. Es war schon seit 1949 im Grundgesetz niedergeschrieben, allerdings deutlich universeller, als Teil von Artikel 16. Die Änderung Anfang der 1990er Jahre schränkte das Recht vor allem ein.

»→ *Artikel 45a – d*

bestimmen, dass der Bundestag einen Auswärtigen und einen Verteidigungsausschuss einsetzt. Letzterer hat die Befugnisse eines Untersuchungsausschusses. Außerdem werden der Wehrbeauftragte und der Petitionsausschuss vorgeschrieben. Und: ein Gremium zur Kontrolle der nachrichtendienstlichen Tätigkeit des Bundes.

»→ *Artikel 49*

wurde 1976 gestrichen. Er regelte die Zeiten zwischen zwei Wahlperioden, in denen bestimmte Positionen im Parlament (etwa das Präsidium) weiterhin ihre Immunität und ihr Zeugnisverweigerungsrecht als Abgeordnete behalten sollten.

»→ *Artikel 59a*

wurde 1968 gestrichen. Er regelte, wie der Bundespräsident den Verteidigungsfall ausrufen konnte.

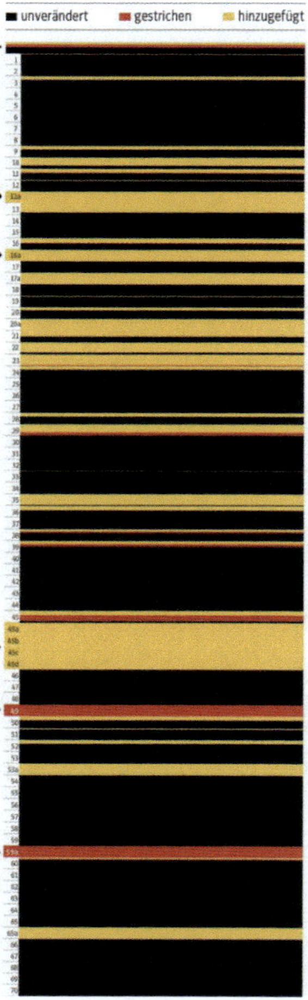

›››→ *Artikel 74a und Artikel 75*
wurden 2006 gestrichen. Es ging in den Artikeln um einen Teil der konkurrierenden Gesetzgebung zwischen Bund in Ländern. Darum also, in welchen Politikbereichen der Bund bei der Gesetzgebung Vorrang vor den Ländern hat.

›››→ *Artikel 87a – f*
Die Artikel 87 regeln Aufgaben der Bundesverwaltung, etwa bei der Bundeswehr, der Luft- und Eisenbahnverwaltung. Sie wurden zwischen 1956 und 1994 hinzugefügt.

›››→ *Artikel 91a – e*
regelt die Gemeinschaftsaufgaben von Bund und Ländern, beispielsweise bei der Verbesserung der regionalen Wirtschaftsstruktur, Agrarförderung, Forschung, IT-Förderung oder der Grundsicherung für Arbeitssuchende. Die Artikel entstanden seit 1969.

›››→ *Artikel 95*
beschrieb 1949 die Errichtung eines obersten Bundesgerichts. Es wurde so nie eingeführt. Stattdessen gibt es einen gemeinsamen Senat aller fünf deutschen Bundesgerichte, der sich etwa mit Fragen beschäftigt bei denen ein oberstes Bundesgericht, von der Sicht eines anderen abweichen will. Daher wurde der Artikel zu großen Teilen verändert.

›››→ *Artikel 104a – d*
Die Artikel regeln das Finanzwesen des Bundes. Also zum Beispiel, wer welche Ausgaben trägt, wie sich die Steuern verteilen, oder in welchem Rahmen der Bund Finanzhilfen für Länder und Kommunen zur Verfügung stellen darf. Entstanden sind die Artikel ab 1969.

›››→ *Artikel 115a – l*
regeln den Verteidigungsfall. Bei der Entstehung des Grundgesetzes hatte Deutschland noch keine Armee. Erst 1968 schrieb die Große Koalition von Union und SPD diese Regeln gegen großen Protest ins Grundgesetz. Er ist der Artikel mit den meisten Unterpunkten, obwohl Artikel 115 selbst noch etwas völlig anderes regelt: die Verschuldung.

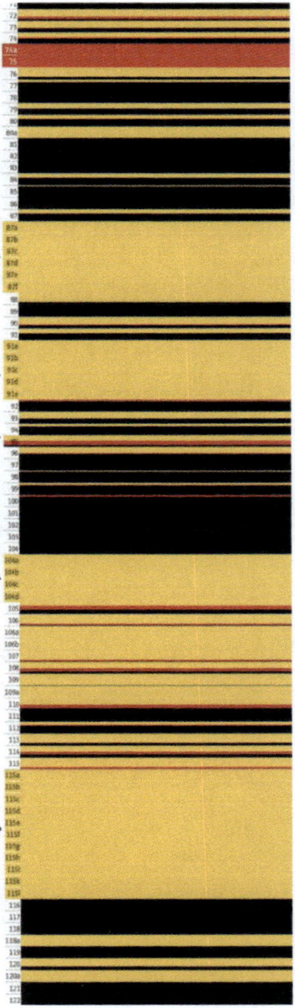

Der Wissenschaftliche Dienst des »Deutschen Bundestages« veröffentlichte am 20. März 2024 den »Infobrief WD 3 - 3010 - 032/24«. Sein stolzer Titel: »75 Jahre Grundgesetz – Änderungen des Grundgesetzes seit 1949«. Demnach verabschiedete der »Deutsche Bundestag« am 21. Dezember 2022 die »67.« Änderung des GG seit 1949. Bis zum Jahre 1968, also rund zwanzig Jahre nach Verabschiedung des Grundgesetzes, wurde es auf diese Art und Weise bereits siebzehnmal geändert. Am 30. Mai 1968 fand mit dieser Staatspraxis und einem für das Gesellschaftssystem typischen Anlass die einschneidende undemokratische Notstandsgesetzgebung ihren Platz im Regelwerk des Grundgesetzes. Die charakterisierte praktische Stellung des Grundgesetzes in der BRD-Gesellschaft führt dazu, dass selbst das einst dem Volk oktroyierte Verfassungsdokument heute gegen sein substanzielles undemokratisches »Entkernen« durch wahre Demokraten im Lande verteidigt werden muss. Die oben zitierten Worte des damaligen KPD-Vorsitzenden Max Reimann vom 23. Mai 1949, »es wird jedoch der Tag kommen, da wir Kommunisten dieses Grundgesetz gegen die verteidigen werden, die es angenommen haben«, bestätigte sich in der 75-jährigen BRD -Geschichte auf fundamentale Art und Weise. Die bundesdeutsche Politiklandschaft ist damit trotz ständiger gegenteiliger manipulativer Verkündungen meilenweit von der zitierten grundlegenden Rousseauschen Demokratieerkenntnis entfernt. Die direkte demokratische Einbeziehung der Bürger in die grundsätzlichen Regelungen blieb hierzulande ein Traum. Aber ohne den Souverän, das Volk als

Ganzes zu befragen und ohne seinen Willen im Grundgesetz zu dokumentieren, muss jede Verfassung eines Staates ein undemokratischer, sehr formaler Akt bleiben. Dieser ermöglicht zudem die Verankerung von Sonderinteressen der herrschenden Teile dieser Gesellschaft.
Wie die Menschen 1949 über die undemokratische Gründung des westdeutschen Separatstaates getäuscht wurden, wird an zwei ausgewählten Beispielen deutlich.
1. In seiner Regierungserklärung formulierte Konrad Adenauer am 21. Oktober 1949 vor dem Plenum des Deutschen Bundestages: »Nach dem völligen Zusammenbruch aller staatlichen Organisationen in Deutschland mit der bedingungslosen Kapitulation kann aber eine Organisation in Deutschland nur dann den Anspruch darauf erheben, ein legitimer Staat zu sein, wenn sie auf dem freien Willen der Bevölkerung beruht. [...] Die Bundesrepublik Deutschland ist somit [...] insgesamt die alleinige legitimierte staatliche Organisation des deutschen Volkes.« [29]
2. In der Präambel des Grundgesetzes der BRD wurde 1949 behauptet: »Es (das BRD-Volk) hat auch für jene Deutschen gehandelt, denen mitzuwirken versagt war.« [30]
Die Aussage »nach dem völligen Zusammenbruch aller staatlichen Organisationen in Deutschland«(!) legt den faktisch vorhandenen grundlegenden und absurden Widerspruch offen. Durch eben diese von Adenauer festgestellten, zusammengebrochenen und damit jeglicher Legitimität entbehrenden staatlichen Organisationen in den westdeutschen Län-

dern wurde ein Verfassungsdokument, das künftige Grundgesetz der BRD beschlossen. Ländervertretungen eines nicht mehr bestehenden deutschen Staates trafen unter Ausschluss des Volkes in Zweidrittelmehrheit und unter massivem Diktat der Besatzungsmächte die fundamentale Entscheidung zur BRD-Staatsgründung. Diese praktizierte Beschlussfassung über das Grundgesetz mit »freiem Willen der Bevölkerung« zu kennzeichnen, war und ist für einen politisch interessierten Menschen eine leicht zu durchschauende, plumpe und manipulative Fabelei. Deshalb ist auch die Formulierung in Punkt zwei, »Es (das BRD-Volk) hat auch für jene Deutschen gehandelt, denen mitzuwirken versagt war« logisch nicht nachvollziehbar. Die Unlogik, die Absurdität ergibt sich aus dem geschilderten Entstehungsvorgang des Grundgesetzes selbst. So blieb die obige Formulierung eine rein suggestive Behauptung, denn das Volk in den Westzonen wurde ja zu keiner Zeit in den Gründungsprozess der BRD einbezogen. Die mit »jene Deutschen« angesprochenen waren also offensichtlich nicht die zu diesem Grundgesetz ungefragten Menschen in Westdeutschlands selbst gemeint, sondern die in der »Sowjetischen Besatzungszone«. Da stellt sich unwillkürlich die Frage, ja, woran sollten denn die Deutschen im Gebiet Ostdeutschlands mitwirken, wenn selbst die Westdeutschen ungefragt blieben und nicht in den Prozess der Erarbeitung und Beschlussfassung des Grundgesetzes einbezogen wurden?
Unter den Aussagen Konrad Adenauers in der oben zitierten Regierungserklärung vom 21. Oktober

1949 fällt hier noch eine weitere wesentliche Feststellung ins Auge. Es ist die vorsorglich forsche, aber unlogische Formulierung eines Alleinvertretungsanspruchs des neu gegründeten deutschen Staates BRD gegenüber »Restdeutschlands« im Osten. Zitat: »Die Bundesrepublik Deutschland ist somit [...] insgesamt die alleinige legitimierte staatliche Organisation des deutschen Volkes.« Diese Behauptung Adenauers setzte den i-Punkt auf die Divergenz des Geschehens. Die kuriose »Blüte« des Alleinvertretungsanspruchs Konrad Adenauers betrachten wir unter Punkt zehn »Parole ›Rollback‹« näher.

Die fatale Anschauung des frisch gekürten Kanzlers Adenauer vom »freiem Willen der Bevölkerung« spiegelt sich bis heute zwangsläufig vor allem auch in der sozialen Zusammensetzung des »Deutschen Bundestages« wider. So sucht man auch nach fünfundsiebzig Jahren vergeblich Vertreter der größten sozialen Gruppe Deutschlands im gewählten Bundestag. »Destatis« stellte im Juli 2023 fest: Rund 46 Millionen der 84 Millionen Einwohner Deutschlands sind Erwerbstätige. Das sind 54,76 Prozent der Bevölkerung. [31] Diese von ihrer Arbeitskraft lebenden Berufstätigen, also vor allem Arbeiter und Angestellte, waren und sind auch heute mit ganzen *null* Prozent im höchsten deutschen Abgeordnetenhaus, dem Bundestag vertreten. Einen solchen Zustand nennt man, nicht erst seit 1949, bürgerliche Demokratie. Also Demokratie für das herrschende Monopol- und Finanzkapital. Selbstverständlich wird diese Tatsache gern kaschiert. Auch der am 26. September 2021 neugewählte 20. »Deutschen Bundestag« ist Spiegelbild dafür. Rund 14 Prozent der Deutschen verfügen über ein abgeschlossenes Hochschulstudium, sind aber mit mehr als 88,3 Prozent im 20. Deutschen Bundestag vertreten. Ein Blick in das »Datenhandbuch zur Geschichte des Bundestags« bestätigt: Seit 1957 ist auch der Anteil der Beamten im Bundestag kontinuierlich gewachsen. Sozioökonomisch betrachtet ist der Bundestag damit fast vollständig ein Akademiker und Beamtenparlament. Gleichzeitig sind von den derzeit 735 Abgeordneten des aktuellen Bundesparlaments 109, d. h. 14,8 Prozent Rechtsanwälte. Aber auf der Internetseite des »Deutschen Bundestages« war 2015, 66 Jahre nach Staatsgründung nachlesbar: »Das Herz der Demokratie. Der Deutsche Bundestag repräsentiert das Volk. Die Gesetzgebung auf Bundesebene ist in Deutschland die Aufgabe des Deutschen Bundestages. Zu seinen wichtigsten Aufgaben zählen die Kontrolle der Regierung, die Festlegung des Bundeshaushalts und die Wahl des Bundeskanzlers. Die Abgeordneten sind die einzigen direkt gewählten Repräsentanten des Volkes und entscheiden mit ihrer Stimme im Parlament, wer regiert und nach welchen Regeln sich das gesellschaftliche Zusammenleben richtet.« [32] Artikel 38 (1) des BRD-Grundgesetzes bestimmt: »Die Abgeordneten des Deutschen Bundestages [...] sind Vertreter des ganzen Volkes.«

Der 2021 aus dem Amt scheidende CDU-Bundestagspräsident Wolfgang Schäuble äußerte sich dazu in seiner Abschiedsrede als Alterspräsident auf der konstituierenden Sitzung des 20. »Deutschen Bundestages« am 26. Oktober 2021. Seine verzweifelt

anmutende, nach Rechtfertigung ringende Begründung konnte fast schon Mitleid auslösen. Schäuble formulierte: »Der Bundestag wird nie ein exaktes Spiegelbild der Bevölkerung sein. Wer Repräsentation mit Repräsentativität gleichsetzt, wird eine Fülle eklatanter Abweichungen finden: in beruflicher, in regionaler, in kultureller oder religiöser Hinsicht. Und er leistet dem irrigen Verständnis Vorschub, dass gesellschaftliche Gruppen nur durch ihre eigenen Angehörigen vertreten werden könnten. Bei wem fangen wir an?«. [33] Auf die abschließende Frage Schäubles konnte es nur eine, wenn auch im kapitalistischen Herrschaftsbereich illusorische und damit nicht ernst gemeinte Antwort geben. Fangen wir doch bei der großen Mehrheit des Volkes, den einfachen, vom Verkauf ihrer Arbeitskraft lebenden Arbeitern und Angestellten an.
Dass es auch anders, also wirklich demokratisch geht, belegte die gewählte »Volkskammer der Deutschen Demokratischen Republik«. Am 8. Juni 1986 (9. Wahlperiode) wurden 271 Arbeiter (= 54 Prozent der Abgeordneten) in das höchste DDR-Parlament gewählt. Allein diese Tatsache widerlegt die bis heut verbreitete verlogene Parole von einer angeblichen »SED-Diktatur« in der DDR und dem proklamierten Vorwurf eines »Unrechtsstaates«. Ungeachtet des eigenen 75-jährigen substanziellen Demokratie-Mankos bezeichnet sich Deutschland bis heute gleichzeitig und vehement als sogenannter »Rechtsstaat«. Dieses Verhalten gibt den bürgerlichen politischen Vertretern und ihren Medien die Möglichkeit, einerseits die BRD für ihre »Rechtsstaatlichkeit« zu loben und andererseits missliebige

Staaten mit dem Begriff »Unrechtsstaat« zu brandmarken. Mit der Bezeichnung »Unrechtsstaat« werden die in 75 Jahren mühsam aufgebauten Feindbilder untermauert. Missliebige und sich nicht dem Diktat der USA, Deutschlands und der EU unterwerfende Staaten, wie zum Beispiel Russland, China, Kuba und andere sind Zielscheibe dieser Prozedur. Die in Deutschland emsig strapazierten Begriffe »Rechtsstaat«, »Unrechtsstaat« und »Rechtsstaatlichkeit« stellen sich seit 75 Jahren sowohl als ideologische Angriffs – als auch Verteidigungswaffe zur Sicherung der Herrschaft des deutschen Monopol- und Finanzkapitals dar. Allerdings ist den staatlichen bundesdeutschen Repräsentanten offensichtlich nicht bekannt, dass diese Begrifflichkeiten unwissenschaftlich sind und faktisch einfach Unsinn darstellen. Selbst der »Wissenschaftliche Dienst des Deutschen Bundestages« kam 2008 zu dieser Erkenntnis. Dieser formulierte: »Den Begriff ›Unrechtsstaat‹ gibt es im Völkerrecht nicht. [...] Eine wissenschaftlich haltbare Definition des Begriffs ›Unrechtsstaat‹ gibt es weder in der Rechtswissenschaft noch in den Sozial- und Geisteswissenschaften. [...] Es (geht) zumeist darum, die politische Ordnung eines Staates [...] moralisch zu diskreditieren«. [34] Die Begriffe »Rechtsstaat«, »Unrechtsstaat« und »Rechtsstaatlichkeit« sind also komplett inhaltsleer. Bekanntlich gestaltete in der Geschichte der Menschheit die jeweils herrschende Klasse ihr Staatswesen in unterschiedlicher Art und Weise. Jeder Staat hat also seit der Herausbildung von sozialen Klassen stets immer auch Klassencharakter. Damit entsprach auch das herrschende Rechtssystem in jedem Falle den Zielen der jeweils herrschenden. Baron de La Brède de Montesquieu stellt diese Tatsache zum Beispiel für den im 18. Jahrhundert etablierten Feudalstaat in seinem Hauptwerk aus dem Jahre 1748 »Vom Geist der Gesetze« anschaulich dar. Wer will heute behaupten, der Feudalstaat sei ein »Unrechtsstaat«, weil die Feudalherren herrschten? Ergo: *Die Verfassung und das darauf basierend beschlossene Recht eines jedweden Staates spiegeln immer den zum Gesetz erhobenen Willen der jeweils herrschenden Klasse wider.* Also im Falle der bürgerlichen BRD den Willen des Monopol- und Finanzkapitals und der Millionäre.

Ungeachtet von derlei Erkenntnissen erläuterte die »Bundeszentrale für politische Bildung (bpb)« im Jahre 2020 auf ihrer Internetseite, was der deutsche Bürger unter einem »modernen« »Rechtsstaat« zu verstehen habe. Die bpb hangelte sich dabei an der Tatsache vorbei, dass das deutsche Grundgesetz 1949 *nicht* vom Souverän, also dem Volk »gesetzt wurde«, sondern von den Exponenten des Monopol- und Finanzkapitals und den kapitaltreuen überkommenen Eliten des »Großdeutschen Reiches«. Unter der Überschrift »Rechtsstaatsprinzip« formulierte die bpb: »Das ›Rechtsstaatsprinzip‹ fordert von modernen Demokratien im Allgemeinen eine geschriebene Verfassung, in der die Staatsgewalten an das Recht gebunden sind, wie es vom Volk (Volkssouveränität) bzw. dessen Vertretern gesetzt wurde«. [35]

Trotzdem das Grundgesetz der BRD nicht vom Volk »gesetzt wurde«, ist die Bezeichnung dafür natürlich *nicht* »Unrechtsstaat«. Dieses Verhalten nennt man richtigerweise undemokratisch oder einfach bürgerliche Demokratie. Und wenn ein Staat seine eigenen Gesetze nicht umsetzt, ist dieser ebenfalls kein »Unrechtsstaat«, sondern chaotisch. Das unwissenschaftliche Schwadronieren vom »Rechtsstaat« und vom »Unrechtsstaat« ist also rein ideologischer und manipulativer Natur. Eine solche Handhabung soll vordergründig von dem praktizierten, folgenschweren, undemokratischen und unsozialen Umgang mit der proletarischen Mehrheit des bundesdeutschen Volkes und von der geübten Klientelpolitik für die absolute Minderheit der Gesellschaft ablenken. Damit aber die realen Herrschaftsverhältnisse im 1949 neu gegründeten BRD-Staat an Offensichtlichkeit einbüßte, wurde das Proletariat, die Arbeiter und Angestellten nicht mehr als solche bezeichnet. Zur Vertuschung der herrschenden kapitalistischen Ausbeutungsverhältnisse wandelten bürgerliche Ideologen, allen voran derer aus der opportunistischen SPD, die Arbeiter und Angestellten kurzerhand zu »Arbeitnehmern« und die kapitalistischen Unternehmer zu treu sorgenden »Arbeitgebern« um. Aber die kapitalistische Produktionsweise bedarf bekanntlich des »doppelt freien« Lohnarbeiters, des Proletariers. Dieser ist:

a) juristisch freier Eigentümer seiner Person und seines Arbeitsvermögens als Voraussetzung dafür, dass er seine Arbeitskraft auf dem Markt als Ware verkaufen kann;

b) frei von Eigentum an Produktionsmitteln und damit zum Verkauf seiner Arbeitskraft gezwungen.

Veränderungen in der Lohnhöhe und im Konsumniveau des Lohnarbeiters ändern nichts an seiner so-

zialen Stellung als Ausgebeuteter. Die »doppelt freien« Lohnarbeiter entstanden durch die ursprüngliche Akkumulation des Kapitals.
Bereits 1847, zwanzig Jahre vor dem Erscheinen von »Das Kapital«, formulierte Friedrich Engels in seinem Werk »Grundsätze des Kommunismus« (MEAW Band 1): »Die Arbeit ist eine Ware wie jede andere, und ihr Preis wird daher genau nach denselben Gesetzen bestimmt werden wie der jeder anderen Ware.« Genau deshalb ist der kapitalistische Unternehmer als Käufer der Ware Arbeitskraft der *Arbeitnehmer* und der Proletarier als Verkäufer seiner Arbeitskraft an den kapitalistischen Unternehmer der *Arbeitgeber*. Nicht umgedreht!
Fünfundsiebzig Jahre BRD-Geschichte belegen, nichts ist den Herrschenden wichtiger als ihrem vom Kapital gesteuerten Staat trotz alledem den Anschein von Demokratie – der Herrschaft des Volkes anzuheften. Das ist sehr verständlich, weil für das kapitalistische System überlebenswichtig. Für dieses Herangehens-Muster steht auch die 1949 in Westdeutschland »entdeckte« »Gewaltenteilung«. Erstmals in der deutschen Geschichte fand 1949 diese Theorie frei nach den Thesen des Charles-Louis de Secondat, Baron de La Brède de Montesquieu, ihren festen Platz in einem deutschen Verfassungsdokument, dem Grundgesetz der BRD. Die bürgerliche Scheindemokratie wurde mit der zur Staatsräson gekürten »Gewaltenteilung« gepaart und folglich eine bewährte und wirkungsvolle Methode zur Sicherung der Macht der Hautevolee der Bourgeoisie. Im Artikel 20 (2) fixierten die Autoren des BRD-Grundgesetzes, zu denen auch der über-

kommene faschistische Jurist Willi Geiger gehörte, »Alle Staatsgewalt geht vom Volke aus«. Der unbedarfte »Deutsche Michel« konnte sich angesichts einer solchen klaren Formulierung zur Machtfrage damals wie heute zufrieden und bequem zurücklehnen. Kommt doch zumindest die gewählte Formulierung »Alle Staatsgewalt geht vom Volke aus« dem Inhalt des aus dem Griechischen stammenden Begriffs Demokratie = Herrschaft des Volkes, nahe. Aber der grundgesetzlichen Fixierung »Alle Staatsgewalt geht vom Volke aus« folgt ein weiterführender zweiter Satz im Artikel 20 (2). Hier heißt es: »Sie wird vom Volke in Wahlen und Abstimmungen und durch besondere Organe der Gesetzgebung, der vollziehenden Gewalt und der Rechtsprechung ausgeübt«. Diese Order des Satzes zwei im Artikel 20 (2) Grundgesetz schreibt die modifizierte Umsetzung der historischen »Gewaltenteilung« des Barons de Montesquieu in Deutschland fest. Montesquieus »Gewaltenteilung« wird in der bundesdeutschen rechtswissenschaftlichen Literatur bis heute hochtrabend und mystisch verbrämt als »anerkannter Grundsatz abendländischer Rechtsstaatlichkeit« gepriesen. Das Rechtsportal »JURAFORUM« verstieg sich 2020 auf seiner Internetseite bezüglich der »Gewaltenteilung« und bezeichnete diese als »moderne« und demokratische Staatstheorie. Formuliert wurde: »Der Begriff Gewaltenteilung bezeichnet die Aufteilung der staatlichen Macht auf getrennte, voneinander unabhängige und sich gegenseitig kontrollierende Staatsorgane. Sie ist ein wesentliches Element jeder modernen Demokratie und ergibt sich in Deutschland aus Artikel 20 Ab-

satz 2 Halbsatz 2 Grundgesetz [GG]«. [36]
Entgegen dieser klangvollen Lobeshymne ist festzustellen, dass die Festlegung des Satzes zwei den ersten Satz des Artikels 20 (2) »Alle Staatsgewalt geht vom Volke aus« direkt wieder aufhebt. Artikel 20 (2) fixiert also zwei Aussagen, die sich grundsätzlich widersprechen und damit nicht gleichzeitig zutreffen können. Das bedeutet, innerhalb dieses Passus des deutschen Grundgesetzes offenbart sich ein antagonistischer Widerspruch, denn der Begriff »alle« ist nicht teilbar. Offensichtlich birgt dieser Grundsatzkonflikt im Artikel 20 (2) für die Herrschenden seit fünfundsiebzig Jahren aus gutem Grund kein Problem. Die Machtsicherung des etablierten Kapitals hat Priorität.
Im deutschen Grundgesetz sind die folgenden fünf ständigen Verfassungsorgane und Institute der »Gewaltenteilung« festgelegt.

- Deutscher Bundestag als Legislative,
- Bundesrat als Exekutive,
- Bundespräsident als Exekutive,
- Bundesregierung als Exekutive und
- das Bundesverfassungsgericht als Judikative.

Diese Staatsorgane sollen, so die hypothetische Theorie, *getrennt, voneinander unabhängig* und *einander kontrollierend* agieren und so die Festlegung des ersten Satzes im Artikel 20 (2) »Alle Staatsgewalt geht vom Volke aus« sichern. Dieser imaginären Auffassung sind insbesondere drei Thesen gegenüberzustellen:

1. Die grundgesetzliche Staats-doktrinäre »Gewaltenteilung« ist im höchsten Maße demokratiefeindlich und sichert ausschließlich die Herr-

schaft des Monopol- und Finanzkapitals.
2. Das einzige direkt vom Volk gewählte ständige Verfassungsorgan, der Deutsche Bundestag, wird durch die Staats-doktrinäre »Gewaltenteilung« unmittelbar, geradewegs und buchstäblich entmachtet.
3. Alle fünf ständigen Verfassungsorgane und Institute der »Gewaltenteilung« kennzeichnet das Gegenteil von voneinander unabhängigen und sich gegenseitig kontrollierenden Staatsorganen. Sie praktizieren, wenn das zur Machtsicherung notwendig ist, ein einheitliches, koordiniertes und zeitlich exakt abgestimmtes Zusammenspiel.

In meinem ersten Buch der »grauen Reihe« aus dem Jahr 2021 gehe ich umfassend auf diese fundamentalen Widersprüche der Staats-doktrinären »Gewaltenteilung« ein. [37]

Das grundsätzliche Beispiel für die Rolle des »Demokratie-tötenden staatlichen Herrschaftsprinzips« der »Gewaltenteilung« ist die Kaltstellung des einzigen vom Volk *direkt* gewählten legislativen ständigen Verfassungsorgans »Deutscher Bundestag«. Das exekutive, *nicht* vom Volk gewählte ständige Verfassungsorgan und Institut der »Gewaltenteilung«, das Beamtenparlament »Bundesrat« verfügt mit seinem Vetorecht über diese Macht. Eine solche Staatspraxis widerspricht der These, dass das einzige direkt vom deutschen Volk gewählte ständige Verfassungsorgan Bundestag mit seinen Abgeordneten als vermeintliche »Vertreter des ganzen Volkes« ausschließlich Beschlüsse im Interesse dieses Volkes zu fassen hat. Im Widerspruch zur

formulierten, herausgehobenen, prägnanten Stellung des »Deutschen Bundestages« als einzige legislative Vertretungskörperschaft der Gesamtheit der bundesdeutschen Bürger steht also sein Verhältnis zum *nicht* vom Volk gewählten Beamtenparlament, dem exekutiven »Bundesrat«.
Die erste Sitzung des »Bundesrates« fand am siebenten September 1949 in Bonn statt. Diese fixierte: »Die Länderkammer hat sich als ›immerwährend‹ definiert – sie hält sich nicht an die Wahlperioden des Bundestags, sondern hat 1949 bei ›1‹ begonnen und nummeriert ihre Plenartreffen seither durch.« [38] Artikel 51 (1) GG legt fest, wer im »Bundesrat« vertreten sein soll: »Der Bundesrat besteht aus Mitgliedern der Regierungen der Länder, die sie bestellen und abberufen. Sie können durch andere Mitglieder ihrer Regierungen vertreten werden«.
Der »Bundesrat« hat 69 delegierte Mitglieder und wird als »Parlament der Länderregierungen« bezeichnet, ist also ein durchführendes Gremium der Länder und gehört damit zweifelsfrei in die Kategorie »Exekutive«.
Im Artikel 50 GG wird formuliert: »Durch den Bundesrat wirken die Länder bei der Gesetzgebung und Verwaltung des Bundes und in Angelegenheiten der Europäischen Union mit«. Gegen eine demokratische Mitwirkung des »Bundesrates« im föderalen System der BRD durch deren Abgesandte, die als Abgeordnete in die Parlamente der Länder gewählt wurden oder einfach nur Regierungsbeamte sind, hätte der deutsche Wahlbürger gewiss keine Einwände. Aber offensichtlich ist die Bezeichnung »Mitwirkung« für das tatsächliche Agieren des

»Bundesrates« gegenüber dem »Deutschen Bundestag« falsch und irreführend. Auf der Basis der grundgesetzlichen Regelungen offenbart sich hier das undemokratische Dilemma der »Gewaltenteilung«. Zur Kernkompetenz des »Bundesrates« gehört das »Verhinderungsrecht« von Beschlüssen des »Deutschen Bundestages«. Auf der Internetseite des »Bundesrates« wurde diese »Fähigkeit« im Jahre 2020 »jubelnd« beschrieben. Zitat: »Kein Bundesgesetz kommt zustande, ohne dass der Bundesrat damit befasst war. Viele Gesetze können sogar nur dann in Kraft treten, wenn der Bundesrat ihnen ausdrücklich zustimmt«. [39] Halten wir also fest: Dem vom deutschen Volk mit großem Brimborium der bürgerlichen Parteien und einem prägnanten Wahlzirkus alle vier Jahre neu gewählten »Deutschen Bundestag« wurden 1949 mit der Staats-doktrinären »Gewaltenteilung« immerwährende, stabile »Fußfesseln« angelegt. Ein seinem Wähler-Mandat entsprechendes Agieren ist damit unmöglich. In der Praxis behindert oder verhindert das Beamtenparlament »Bundesrat« regelmäßig gefasste Beschlüsse des »Deutschen Bundestages«. Die Beschlussfassung notwendiger Gesetze im Sinne des Wahlvolkes durch den demokratisch legitimierten Bundestag kann und wird so durch irgendwelche delegierten Regierungsbeamte oder »Mitglieder(n) der Regierungen der Länder« zu Fall gebracht. Der gravierend undemokratische Sinn des »Verhinderungsrechtes« durch den »Bundesrat« zeigte sich vor allem dann, wenn im »Deutschen Bundestag« Abgeordnete die Mehrheit erlangten, die der Herrschaft des Monopol- und Finanzkapitals mit ihrem Stimmrecht gefährlich werden könnten. Der vom Volk gewählte »Deutsche Bundestag« scheiterte in einem solchen Fall an der möglichen realen Blockade grundlegender Beschlüssen durch den nicht vom Volk gewählten »Bundesrat«. Das ist die eigentliche Kernaussage, wenn es um den Sinn der 1949 »entdeckten« bundesdeutschen »Gewaltenteilung«, insbesondere zwischen »Deutschem Bundestag« als Legislative und dem »Bundesrat« als Exekutive geht.

Ein Beispiel für die Bigotterie der zitierten Behauptung, »der Begriff Gewaltenteilung bezeichnet die Aufteilung der staatlichen Macht auf getrennte, voneinander unabhängige und sich gegenseitig kontrollierende Staatsorgane«, lieferte der oben bereits genannte deutsche Jurist Willi Geiger. Mit seinem Agieren in der frisch gegründeten BRD belegte Geiger das Gegenteil. Im Jahre »1950 wurde er als sogenannter ›neutraler‹ Richter [...] an den Bundesgerichtshof (BGH) berufen. Ab 1951 war er Präsident eines Senats. Von 1951 bis 1977 war er Richter des Bundesverfassungsgerichtes (BVerfG) und damit zehn Jahre zugleich an BGH und BVerfG. Durch die Freigabe der Protokolle des Bundeskabinetts stellte sich später heraus, dass er fortlaufend die Regierung Adenauer über die internen Entscheidungsprozesse in BGH und BVerfG informiert hatte.« [40]

An der Geschichte Willi Geigers wird deutlich, dass die 1949 zur Staatsräson gekürte »Gewaltenteilung« mit der Theorie von »unabhängigen und sich gegenseitig kontrollierende Staatsorganen« bis heute nur ein plakatives Aushängeschild für den unbedarften Bürger darstellt. Auf Willi Geiger, seine faschistische Karriere im Deutschen Reich und seine »Auferstehung« in der BRD kommen wir nochmals im Punkt sieben »Hoffähige Faschisten« zurück.

6. Unterwerfung, Remilitarisierung und Konfrontation

Die gut verschleierte, stabile und dauerhafte Unterwerfung des westdeutschen Besatzungsgebietes unter die USA war mit der Gründung ihres deutschen Satellitenstaates BRD am 24. Mai 1949 offiziell vollzogen. Bereits im Vorfeld der Staatsgründung banden die Yankees gezielt die überkommenen Vertreter des deutschen Monopol- und Finanzkapitals in diesen Prozess ein. Faschistische Lebensläufe stellten zu diesem Zeitpunkt keinen Hinderungsgrund mehr für eine neue Karriere im BRD-Staat dar. Dem antikommunistischen Ziel der »Truman-Doktrin« entsprechend ließen die in den deutschen Machtapparat integrierten Altfaschisten folglich nichts ungenutzt, um nunmehr eine »feindliche Übernahme« der am 7. Oktober 1949 gegründeten Deutschen Demokratischen Republik zu erzwingen. Es war Konrad Adenauer, der dem »Wunsch« der USA entsprechend, mit der von Wilhelm Grewe formulierten sogenannten »Hallstein-Doktrin« im Jahre 1955 die Konfrontation gegenüber der DDR und damit den »Kalten Krieg« anheizte. Das Ziel immer fest im Blick, die DDR außenpolitisch völlig zu isolieren, politisch und wirtschaftlich zu destabilisieren und jegliche weiteren Vereinigungsbemühungen zu verhindern. Gleichzeitig aber einen gewaltsamen »Regimechange« in der DDR vorzubereiten. Mit der »Hallstein-Doktrin« fand der von

Adenauer 1949 formulierte Alleinvertretungsanspruch der BRD gegenüber der DDR eine der mannigfaltig praktizierten Formen. Wir erinnern uns an die oben zitierte Formulierung Adenauers, »die Bundesrepublik Deutschland ist somit [...] insgesamt die alleinige legitimierte staatliche Organisation des deutschen Volkes.« Mit der »Hallstein-Doktrin« wurde die Aufnahme diplomatischer Beziehungen zur Deutschen Demokratischen Republik durch Drittstaaten als »unfreundlicher Akt« gegenüber der BRD eingestuft. Der besagte, von Kanzler Adenauer in seinen Beraterstab berufene Wilhelm Grewe war im faschistischen Deutschland von 1933 bis 45 aktives Mitglied der NSDAP und ab 1943 Inhaber des Lehrstuhls für Rechtswissenschaften an der von den Faschisten gleichgeschalteten Friedrich-Wilhelms-Universität in Berlin. Herr Grewe betrachtete zum Beispiel den Angriffskrieg, den Überfall Hitlerdeutschlands auf die Sowjetunion im Jahr 1941 als: »Große weltgeschichtliche Mission«. [41] Ab 1955 leitete Wilhelm Grewe die politische Abteilung des Auswärtigen Amtes der BRD. Also der »richtige« Mann für das zu errichtende »antikommunistische Bollwerk« und für die weitere Manifestierung des »Eisernen Vorhangs«.
Möglicherweise wird Bundeskanzler Konrad Adenauer überrascht gewesen sein, als dieser drei Jahre nach Gründung des deutschen Separatstaates BRD von der sogenannten »Stalin-Note« erfuhr. Dieses Dokument richtete die UdSSR am 10. März 1952 an die Regierungen der USA, Frankreichs und Großbritanniens. Die »Stalin-Note« beinhaltete den konkreten Vorschlag an die ehemaligen westlichen Alli-

ierten für einen längst überfälligen Friedensvertrag der Siegermächte des »Zweiten Weltkrieges« mit Deutschland. Darüber hinaus schlug die Sowjetunion den westlichen Siegermächten Verhandlungen über

- die Wiedervereinigung Deutschlands,
- die Neutralität des vereinten Deutschlands,
- den Abzug aller Besatzungstruppen innerhalb von 12 Monaten und
- die Aufstellung nationaler Streitkräfte in Deutschland vor.

Dieser Vorschlag wurde in sieben Punkte gefasst:

1. »Deutschland wird als einheitlicher Staat wiederhergestellt. Damit wird der Spaltung Deutschlands ein Ende gemacht, und das geeinte Deutschland gewinnt die Möglichkeit, sich als unabhängiger, demokratischer, friedliebender Staat zu entwickeln.
2. Sämtliche Streitkräfte der Besatzungsmächte müssen spätestens ein Jahr nach Inkrafttreten des Friedensvertrages aus Deutschland abgezogen werden. Gleichzeitig werden sämtliche ausländischen Militärstützpunkte auf dem Territorium Deutschlands liquidiert.
3. Dem deutschen Volke müssen die demokratischen Rechte gewährleistet sein, damit alle unter deutscher Rechtsprechung stehenden Personen, ohne Unterschied der Rasse, des Geschlechts, der Sprache oder Religion, die Menschenrechte und die Grundfreiheiten genießen, einschließlich der Redefreiheit, der Pressefreiheit, des Rechts der freien Religionsausübung, der Freiheit der politischen Überzeugung und

der Versammlungsfreiheit.

4. In Deutschland muß den demokratischen Parteien und Organisationen freie Betätigung gewährleistet sein; sie müssen das Recht haben, über ihre inneren Angelegenheiten frei zu entscheiden, Tagungen und Versammlungen abzuhalten, Presse und Publikationsfreiheit zu genießen.
5. Auf dem Territorium Deutschlands dürfen Organisationen, die der Demokratie und der Sache der Erhaltung des Friedens feindlich sind, nicht bestehen.
6. Allen ehemaligen Angehörigen der deutschen Armee, einschließlich der Offiziere und Generäle, allen ehemaligen Nazis, mit Ausnahme derer, die nach Gerichtsurteil eine Strafe für von ihnen begangene Verbrechen verbüßen, müssen die gleichen bürgerlichen und politischen Rechte wie allen anderen deutschen Bürgern gewährt werden zur Teilnahme am Aufbau eines friedliebenden, demokratischen Deutschland.
7. Deutschland verpflichtet sich, keinerlei Koalitionen oder Militärbündnisse einzugehen, die sich gegen irgendeinen Staat richten, der mit seinen Streitkräften am Kriege gegen Deutschland teilgenommen hat. Das Territorium Deutschlands ist durch die Grenzen bestimmt, die durch die Beschlüsse der Potsdamer Konferenz der Großmächte festgelegt wurden.

Wirtschaftliche Leitsätze

Deutschland werden für die Entwicklung seiner Friedenswirtschaft, die der Hebung des Wohlstandes des deutschen Volkes dienen soll, keinerlei Beschränkungen in bezug auf den Handel mit anderen Ländern, die Seeschiffahrt und den Zutritt zu den Weltmärkten auferlegt.

Militärische Leitsätze

1. Es wird Deutschland gestattet sein, eigene nationale Streitkräfte (Land-, Luft- und Seestreitkräfte) zu besitzen, die für die Verteidigung des Landes notwendig sind.
2. Deutschland wird die Erzeugung von Kriegsmaterial und -ausrüstung gestattet werden, deren Menge oder Typen nicht über die Grenzen dessen hinausgehen dürfen, was für die Streitkräfte erforderlich ist, die für Deutschland durch den Friedensvertrag festgesetzt sind.

Deutschland und die Organisation der Vereinten Nationen

Die Staaten, die den Friedensvertrag mit Deutschland abgeschlossen haben, werden das Ersuchen Deutschlands um Aufnahme in die Organisation der Vereinten Nationen unterstützen.« [42]

Die »Stalin-Note« führte in der BRD und bei den nunmehrigen westlichen »Bündnispartnern« zu politischen Turbulenzen. In Westdeutschland forderte eine über Parteigrenzen hinweg gehende Aktionseinheit Viermächte-Verhandlungen über die sowjetischen Vorschläge. Zu den Verfechtern solcher Verhandlungen gehörte auch Herbert Wehner, damals führender SPD-Politiker in der Bundesrepublik. Bemerkenswert an der »Stalin-Note« war, dass die Sowjetunion mit ihrem Vorschlag zur Neutralität des neuen vereinten Deutschlands eine sehr große Kompromissbereitschaft offenbarte. »Focus On-

line« formulierte zum 60. Jubiläum der »Stalin-Note« am 10. März 2012: »Ohnehin hatten die Machthaber dort (Stalin) ein neutrales Deutschland vor Augen. Dafür waren sie auch bereit, ihren neuen Satellitenstaat DDR wieder aufzugeben.« [43]
Eine solche Kompromissbereitschaft fehlte offensichtlich bei den Regierenden in den USA, Frankreichs und Großbritanniens. Wäre doch bei einer praktischen Umsetzung der Initiative der UdSSR das bisher mühsam erarbeitete »schöne« Konstrukt zur Vernichtung der vermeintlichen »kommunistischen fünften Kolonnen« zur Sicherung der »Vereinigten Staaten [...] an der Spitze der Weltmacht« perdu gewesen. Vor allem die siebenjährigen Kraftanstrengungen für einen deutschen Separatstaat (wie im Punkt fünf dokumentiert) hätten sich mit einem Schlag in Luft aufgelöst. »Selbstverständlich« fand deshalb die »Stalin-Note« auch bei CDU-Bundeskanzler Adenauer keinen Gefallen. Das zeigte seine Auslassung dazu gegenüber der »Siegener Zeitung« vom 17. März 1952. »Es gibt drei Möglichkeiten für Deutschland: Den Anschluss an den Westen, Anschluss an den Osten und Neutralisierung. Die Neutralisierung aber bedeutet für uns die Erklärung zum Niemandsland. [...] Ein Zusammenschluss mit dem Osten aber kommt für uns wegen der völligen Verschiedenheit der Weltanschauungen nicht in Frage« [44] Die Befürchtungen Konrad Adenauers nach all seinen Kraftanstrengungen für den deutschen Separatstaat waren »nachvollziehbar«, denn ein vereintes, friedliches, Pakt-freies und neutrales Deutschland stand von Anfang an nicht auf seiner Agenda. Dazu kam seine offensicht-

liche Phobie in irgendeiner Weise in den kapitalfeindlichen sowjetischen Einfluss und in dessen Abhängigkeit geraten zu können. Deshalb leitete ihn der unbedingte Wille zu einer engen politischen und militärischen Bindung an den Westen. Dabei wäre ein wahrhaft volksdemokratisches neutrales Deutschland ohne Einbeziehung in die vorhandenen militärischen Bündnisse eine angemessene und Erfolg versprechende Entscheidung nach dem »Zweiten Weltkrieg« gewesen. Staatliche Neutralität hätte die jahrzehntelange Spaltung Deutschlands mit all den bekannten negativen Folgen für die Menschen verhindern können. Die tief sitzende Sorge Adenauers kommt in einer weiteren historischen Formulierung in der »Siegener Zeitung« zur Ablehnung der Initiative der »Stalin-Note« der UdSSR zum Ausdruck. Die »Stalin-Note«, so Adenauer: »will den Fortschritt in der Schaffung der europäischen Verteidigungsgemeinschaft [...] verhindern.« [45] Die Integration der restaurierten kapitalistischen BRD in das westliche Militärbündnis hatte Vorrang vor einem einheitlichen, demokratischen Deutschland. Die Forderung des Volkes nach Viermächte-Verhandlungen zum sowjetischen Vorschlag der »Stalin-Note« spielte auch bei dieser Entscheidung keinerlei Rolle. So verlief die Initiative der Sowjetunion nach weiteren Noten-Austauschen zwischen der UdSSR und den Regierenden der USA, Frankreichs und Großbritanniens im Sande. Eine direkte Gesprächsführung zwischen den ehemaligen Alliierten oder den nunmehr beiden deutschen Staaten selbst über die unterbreiteten Vorschläge wurde von den Westmächten und der

Adenauer-Regierung »erfolgreich« abgewehrt und fand damit niemals statt. Mit der Unterschrift Adenauers unter die »Pariser Verträge« am 23. Oktober 1954 fand dieser Prozess das gewünschte Ergebnis. Damit sollte

- eine enge Bindung an die westliche Staatengemeinschaft,
- die Wiederbewaffnung Westdeutschlands und
- der Beitritt zur NATO möglich werden.

Diese Ziele wurden problemlos erreicht. Die ebenfalls formulierte Absicht der Beendigung des Besatzungsstatutes der westlichen Alliierten in der BRD ist hingegen mit der bis heute andauernden bedingungslosen Unterordnung Westdeutschlands unter das Diktat des USA-Imperialismus nicht erfüllt.
Am 6. Mai 1955 fand die Integration der BRD in die bereits am 4. April 1949 gegründete NATO statt. Adenauer befand sich an seinem gesteckten Ziel. Das Ergebnis, die Spaltung Deutschlands wurde »erfolgreich« zementiert. Teile der staatlichen Souveränität Deutschlands sind, wie an den Fakten dieses Buches erkennbar, bis heute an die USA abgetreten.

7. Hoffähige Faschisten

Unter der Ägide des Präsidenten der USA und einstigen Unterzeichners des »Potsdamer Abkommen«, Harry S. Truman, fand nach 1945 schon bald auch an anderer Stelle dessen organisierter Vertragsbruch in Westdeutschland statt. Ihrem Konzept vom »Eisernen Vorhang« folgend arbeiteten die USA mit ihren westlichen Verbündeten seit 1946 an der Sicherung alter Besitz- und Machtver-

hältnisse in den von ihnen besetzten Zonen. Bereits die unter Punkt vier »US-Geheimplan – Spaltung« dokumentierte streng geheime Vorbereitung eines künftigen deutschen Separatstaates in den Westzonen erfolgte unter Einbeziehung »erprobter« Kapitalvertreter des faschistischen Deutschlands. Vom 1945 verabschiedeten gemeinsamen Beschluss der »Dreimächtekonferenz« in Potsdam, »der deutsche Militarismus und Nazismus werden ausgerottet«, blieb spätestens mit der Gründung der BRD nichts übrig. So wurde das »Potsdamer Abkommen« auch in dieser Frage schnell zu »Schnee von gestern«.
Der organisierte Vertragsbruch des »Potsdamer Abkommens« stand in Westdeutschland unter direkter Führung von John Jay McCloy. Dieser wirkte hier von 1949 bis 1952 als »Hoher Kommissar« der Vereinigten Staaten von Amerika. Als höchster staatlicher Vertreter der USA in der 1949 neu gegründeten Bundesrepublik vertrat McCloy die Interessen des Monopol- und Finanzkapitals der USA. Er sicherte hier deren Macht und Einfluss und begründete damit das bis heute wirkende servile Verhältnis Deutschlands zu den USA.
Über die Person John Jay McCloy ist bei »Wikipedia« nachlesbar: »John Jay McCloy war ein US-amerikanischer Jurist, Politiker und Bankier. Während des Zweiten Weltkrieges war er Unterstaatssekretär im US-Kriegsministerium. Von 1947 bis 1949 war er Präsident der Weltbank. Als Hoher Kommissar der USA und somit deren höchster Vertreter in der neu gegründeten Bundesrepublik Deutschland war er von 1949 bis 1952 maßgeblich am politischen und wirtschaftlichen Wiederaufbau Nachkriegs-

deutschlands (sprich BRD) beteiligt.« [46] Im Jahre 1952 initiierte John Jay McCloy die Gründung des »Verein Atlantik-Brücke e. V.« in der BRD. Die Zielrichtung der Tätigkeit dieses Vereins entsprach dem US-präsidialen Auftrag: Sicherung eines dauerhaft US-hörigen Deutschlands. »Wikipedia« über die Ziele dieses Vereins: »Die Atlantik-Brücke e. V. wurde 1952 als privater, überparteilicher und gemeinnütziger Verein mit dem Ziel gegründet, eine wirtschafts-, finanz-, bildungs- und militärpolitische Brücke zwischen den Vereinigten Staaten und Deutschland zu schlagen. Zu den Mitgliedern der Atlantik-Brücke zählen heute etwa 500 führende Persönlichkeiten aus Bank- und Finanzwesen, Wirtschaft, Politik, Medien und Wissenschaft. Die Atlantik-Brücke fungiert als Netzwerk und privates Politikberatungsinstitut.« [47] Der »Verein Atlantik-Brücke e. V.«, dem namhafte deutsche Politiker, Millionäre und Wirtschaftsbosse angehören, fördert bis heute das unterwürfige Verhältnis Bundesdeutschlands zu den USA.
Sehr schnell fand 1949 ein drastischer Paradigmenwechsel im Hinblick auf die Strafverfolgung von Kriegsverbrechern und ehemals aktiven deutschen Faschisten sowie bereits verurteilter Verbrecher des »Dritten Reiches« in der BRD statt. Diese Spezies wurde nunmehr ganz offiziell wieder hoffähig. Den überkommenen Wehrmachtsgeneral des faschistischen »Deutschen Reiches«, Graf von Schwerin, ernannte Konrad Adenauer 1950 zu seinem persönlichen »Berater für Militär- und Sicherheitsfragen«. Ihm kam eine »Schlüsselrolle in der Wiederbewaffnung der Bundesrepublik Deutschland unter Kon-

rad Adenauer zu«. [48] »Junge Welt« stellte fest: »Die Angehörigen der ersten Bundeswehrtruppe, [...] ›Neue Wehrmacht‹ genannt, stammten fast ausschließlich aus Hitlers Armee, inklusive der Waffen-SS. Die Verbrechen der Schlächter und Vernichtungskrieger wurden zuvor von Dwight D. Eisenhower, damals NATO-Oberbefehlshaber und später US-Präsident, am 23. Januar 1951 reingewaschen, und er erklärte, dass der deutsche Soldat des Zweiten Weltkriegs tapfer für seine Heimat gekämpft habe.« [49] Die westlichen Alliierten »überprüften« in den 1950er-Jahren die Urteile aus den Nürnberger Kriegsverbrecher-Prozessen. Das geschah unter dem direkten Einfluss des beauftragten »Hohen Kommissars der USA« John Jay McCloy. Die Aufklärung und Verfolgung von faschistischen Verbrechen fand ab diesem Zeitpunkt in der Bundesrepublik kaum mehr statt. Aber auch bereits verurteilte Kriegsverbrecher kamen jetzt frei. Altgediente Faschisten galten für die »neuen« alten Herrschenden in Deutschland und die verbliebenen westlichen Besatzungsmächte zur Umsetzung ihrer staatlichen Ziele zunehmend auch offiziell als begehrte Kader. Die überkommenen Größen des faschistischen Deutschlands wurden für die Umsetzung der aggressiven globalen, politischen, ökonomischen und militärischen Ziele der USA im Herzen Europas dringend gebraucht. Die »Fähigkeiten« dieser Leute fanden im neu geschmiedeten transatlantischen Bündnis und vor allem in Deutschland selbst große Nachfrage. So fielen in den 1950er-Jahren diverse Urteile aus den Nürnberger Kriegsverbrecher-Prozessen in der Bundesrepublik der Revision anheim.

Ein Beispiel von vielen für diese 180 Grad-Wende der westlichen Alliierten im Bunde mit den BRD-Machthabern ist Alfried Krupp von Bohlen und Halbach. Bekanntlich hätte der Faschismus in Deutschland 1933 ohne die direkte ökonomische und finanzielle Unterstützung durch führende Vertreter des deutschen Industrie- und Finanzkapitals niemals politische Macht erringen können. Die expansionistischen, auf Eroberung und »Markterschließung« ausgerichteten Ziele des deutschen Faschismus trafen den Nerv sehr vieler Vertreter des herrschenden deutschen Kapitals – die Aussicht auf unermesslichen Profit. Markt-bestimmende Industrielle der Rüstungsindustrie wie Alfried Krupp von Bohlen und Halbach förderten, unterstützten und ermöglichten aktiv das faschistische Regime – wirtschaftlich, finanziell und politisch. Krupp stellte sein renommiertes Unternehmen der Stahlindustrie ganz in den Dienst der profitablen Hochrüstung in Deutschland. Sein Beispiel belegt die unheilige Allianz von Wirtschaftsmacht, Politik und Verbrechen. Zur Erreichung ihrer gemeinsamen Ziele wurde ein ganzes Volk instrumentalisiert. Alfried Krupp von Bohlen und Halbach war bereits seit 1931 förderndes Mitglied der SS und Standartenführer des Nationalsozialistischen Fliegerkorps. 1937 wurde Alfried Krupp von Bohlen und Halbach zum Wehrwirtschaftsführer ernannt und 1938 Mitglied der NSDAP. Er war stellvertretender Vorsitzender des »Kuratoriums der Adolf-Hitler-Spende der deutschen Wirtschaft«. Die Gründung dieses Kuratoriums erfolgte am 1. Juni 1933 vom Reichsstand der Deutschen Industrie (RStDI) als Spendenforum zu-

gunsten der NSDAP. Die Geldspenden dieser Organisation standen Adolf Hitler zur alleinigen persönlichen Verfügung bereit. Alfried Krupp von Bohlen und Halbach war darüber hinaus Mitglied des Rüstungsrates beim Reichsminister für Rüstung und Kriegsproduktion.
Nach Beginn des II. Weltkrieges trug Krupp die Verantwortung für die Demontage von Betrieben in den okkupierten besetzten Gebieten und deren Wiederaufbau im Deutschen Reich.
Der Kriegsverbrecherprozess gegen Alfried Krupp von Bohlen und Halbach war der zehnte von insgesamt zwölf und einer der drei Wirtschaftsverfahren. Die Verhandlung begann am 8. Dezember 1947 und endete am 31. Juli 1948. Das Tribunal verurteilte Alfried Krupp von Bohlen und Halbach als Kriegsverbrecher zu zwölf Jahren Haft und zur Einziehung seines gesamten Vermögens.
Bereits am 31. Januar 1951 annullierte der »Hohe Kommissar für Deutschland«, John Jay McCloy, diese höchstrichterliche Entscheidung. Krupp und acht mit ihm ebenfalls verurteilte Industrielle wurden bereits am 2. Februar 1951 aus der Haft entlassen. Damit erhielt Krupp 1953 in Westdeutschland auch sein komplettes Vermögen »offiziell« zurück. Dessen praktische Beschlagnahme hatte indes in den Westzonen Deutschlands nie stattgefunden. In der BRD wird Alfried Krupp von Bohlen und Halbach heute als honorige Person und »ehrbarer Kaufmann« hochverehrt. Alt-Faschisten fanden gleichzeitig in der »neuen« Bundesrepublik auch einen festen Platz in allen Bereichen des öffentlichen Dienstes. Dafür beschloss der »Deutsche Bundes-

tag« bereits am 11. Mai 1951 das sogenannte »Gesetz zur Regelung der Rechtsverhältnisse der unter Artikel 131 des Grundgesetzes fallenden Personen«. Mit diesem Gesetz erfolgte eine umfassende Inkorporation von Angehörigen des Staatsapparates des 1945 untergegangenen Faschisten-Reiches. Das »131er-Gesetz« sicherte den Anspruch auf Weiterbeschäftigung von Staatsdienern, die wegen ihrer Betätigung im Staatsdienst Hitlerdeutschlands von 1933 bis 1945 aus diesem vorher entfernt worden waren. Diese Regelung galt auch für verantwortliche Verbrecher der SS, der SA, von KZ-Aufsehern, Schreibtischtätern und schuldigen Richtern des untergegangenen faschistischen »Großdeutschen Reiches«. »So konnten unzählige Nazis ihre Karrieren fortsetzen, besonders im Staatsdienst und gerade bei der Justiz. [...] Ende der sechziger Jahre waren fast alle Abteilungsleiter (des Bonner Justizministeriums) ehemalige Nazis.« [50] Damit lieferten die »neuen« Herrschenden den prägnanten Beweis für das Versagen des sich von Anbeginn selbst glorifizierenden sogenannten »Rechtsstaates« BRD (siehe Punkt 5).
Zu der Heerschar faschistisch geprägter »neuer« alter Verantwortungsträger gehörte auch der bereits mehrfach genannte deutsche Jurist Willi Geiger. Im faschistischen Deutschland agierte Geiger als Mitglied der NSDAP und der SA und seit 1934 als einer ihrer Rottenführer. »1941 bis 1943 war Geiger als Staatsanwalt am Sondergericht Bamberg tätig. Er fällte dort in mindestens fünf Fällen Todesurteile, darunter gegen einen 18-Jährigen, der sexuelle Handlungen an einer Minderjährigen, die etwas

jünger als er selbst war, begangen haben soll. Ein Gnadengesuch des Verteidigers wegen der Jugend des Angeklagten wies Geiger zurück. Er nahm an der Hinrichtung teil und setzte durch, dass sie durch Plakate und Pressehinweise öffentlich bekannt gemacht wurde. Ein anderes Urteil betraf einen Zwangsarbeiter, der gegen sechs bis acht junge Burschen, die auf ihn einprügelten, ein Taschenmesser gezogen hatte. Geiger legte nachdrücklich Wert darauf, das Todesurteil durch Plakatierung bekannt zu machen. Mehr als alle anderen Richter war [...] Geiger [...] *mit der Erarbeitung sowohl des Grundgesetzes als auch des Bundesverfassungsgerichtsgesetzes betraut. 1950 wurde er als sog. ›neutraler‹ Richter [...] an den Bundesgerichtshof (BGH) berufen.*« [51] Prof. Manfred Görtemaker, Historiker an der Universität Potsdam, stellte 2013 zum Umgang mit faschistischen Kadern in Bundesdeutschland fest: »Hier ist nicht nur das Bundesministerium der Justiz sehr heftig zu kritisieren. [...] Alle wichtigen Verfassungsorgane der Bundesrepublik haben im Grunde hier komplett versagt. [...] Tatsächlich haben wir ja in der Bundesrepublik eine Tradition entwickelt, die nur sehr wenige, extrem wenige, vor Gericht gebracht hat. Die meisten übrigens zwischen 1945 und 1949. Wenn Sie sich die Zeit danach anschauen, dann brechen diese Prozesse ganz schnell ab und dann ist es eben vielleicht auch kein Zufall, das beispielsweise kein einziger Richter in der Bundesrepublik Deutschland für das, was er in der NS-Zeit getan hat, je zur Verantwortung gezogen worden ist.« [52] In verantwortlichen politischen Positionen des Landes fanden sich auch in den Folgejahren viele, die bereits im faschistischen Deutschland aktiv agierten. »Noch 1957 waren in [...] (der) Regierung (Adenauers) 18 Minister, die Mitglieder der NSDAP oder der SA waren.« [53] Diese Verantwortungsträger hatten verständlicherweise keinen Anlass für eine Aufarbeitung faschistischer Untaten und kein Interesse an einer Bestrafung von derartigen Mördern und Schreibtischtätern. Das traf natürlich auch auf die genannten »braunen« Abteilungsleiter im Bundesministerium der Justiz zu. Sie waren und blieben Teil staatlicher Machtausübung im Interesse des herrschenden Kapitals. Die Volksweisheit, dass »eine Krähe der anderen kein Auge aushackt«, bestätigte sich auch in diesem Fall umfänglich. Über Jahrzehnte füllten viele »ehemalige« Faschisten höchste staatliche Führungspositionen in der Bundesrepublik aus. Drei ausgewählte Beispiele des Spitzenpersonals der Bundesrepublik, namentlich des deutschen Bundeskanzlers, des deutschen Bundespräsidenten und des Präsidenten des Deutschen Bundestages, belegen diese Aussage:

- *Kiesinger, Kurt Georg*, von 1933 bis 1945 Mitglied der NSDAP, Mitglied der CDU ab 1946, 1958 bis 1966 Ministerpräsident von Baden-Württemberg, 1966 bis 1969 deutscher Bundeskanzler;
- *Scheel, Walter*, von 1941 bis 1945 Mitglied der NSDAP, Mitglied der FDP ab 1946, 1974 bis 1979 deutscher Bundespräsident;
- *Carstens, Karl*, ab 1933 Mitglied der SA, 1940 bis 1945 Mitglied der NSDAP, Mitglied der CDU ab 1953, 1976 bis 1979 Präsident des

»Deutschen Bundestages«. [54]

❖

Vierundsechzig Jahre nach der BRD-Staatsgründung organisierte das jüdische, international tätige »Simon-Wiesenthal-Zentrum« mit Hauptsitz in Los Angeles, in Berlin, Hamburg und Köln eine spektakuläre Aktion. Unter der Überschrift »Operation last Chance – Spät, aber nicht zu spät« veröffentlichte diese Organisation am 23. Juli 2013 ungewöhnliche und aufsehenerregende Plakate ⇩. Der Text: »Millionen Unschuldiger wurden von Nazi-Kriegsverbrechern ermordet. Einige Täter sind frei und am Leben! Helfen Sie uns, diese vor Gericht zu bringen. Bis zu € 25.000, – Belohnung für wertvolle Informationen«. Das »Simon-Wiesenthal-Zentrum« vermutete 2013 noch etwa 60 bis 120 unbehelligt lebende faschistische Verbrecher in Deutschland. Die meisten davon waren den politisch Verantwortlichen im BRD-Staat durchaus bekannt. Unter ihnen befand sich auch »Gerhard S.«. Im faschistischen Deutschland nahm dieser die Funktion des SS-Kompanieführers der 16. Panzergrenadierdivision »Reichsführer SS« ein. »Gerhard S.« war 2013 bereits 92 Jahre alt. Dessen Verantwortung beschrieb das »Hamburg Journal« des NDR am 12. August 2013 so: »Sie kamen am Morgen eines schönen Sommertages nach Sankt Anna di Stazzema. Vier Stunden später an diesem 12. August 1944 sind mehr als 500 Menschen tot. Auf dem Kirchplatz zusammengetrieben, mit dem Maschinengewehr niedergemäht und anschließend verbrannt. Alte, Frauen und Kinder.

Foto Heidig. 1. August 2013 Hamburg.

Das jüngste Opfer ist gerade mal drei Wochen alt. Zehn der an dem Massaker beteiligten SS-Männer verurteilt ein italienisches Militärgericht 2005 wegen Mordes zu lebenslanger Haft. Trotz rechtskräftigem Urteil aus Italien liefert Deutschland die Beschuldigten nicht aus. [...] Der (verurteilte) ehemalige SS-Kompanieführer Gerhard S. verbringt seinen Lebensabend derweil im Seniorenheim in Volksdorf. Tatsächlich werden Ermittlungen der Staatsanwaltschaft Stuttgart im vergangenen Herbst (2012) nach zehn Jahren eingestellt. Die konkrete Tatbeteiligung einzelner sei nicht zweifelsfrei nachzuweisen«. [55] Zu diesem unglaublichen Geschehen gehört ein weiterer Tatbestand: »Es ist bezeichnend, dass der für die (Nicht-) Anklageerhebung (gegen ›Gerhard S.‹) zuständige Staatsanwalt Bernhard H. [...] mit großer Energie Ende September 2006 ein Verfahren gegen einen antifaschistischen Vertrieb in Süddeutschland in seinem Sinne erfolgreich abgeschlossen hat: Das von dem Händler vertriebene antifaschistische Abzeichen mit dem durchgestrichenen Hakenkreuz wurde als gesetzwidrig erklärt und der Händler zu einer Geldstrafe verurteilt«. [56]

Der gravierende Widerspruch zwischen politischer, öffentlicher antifaschistischer Bekundung und dem praktizierten bundesdeutschen staatlichen Handeln wurde 2013 auch an anderen Beispielen drastisch deutlich. Die damalige CDU-Bundeskanzlerin Angela Merkel besuchte am 20. August 2013 als erste (!) Regierungschefin der BRD nach 64 Jahren die Gedenkstätte des ehemaligen Konzentrationslagers der Faschisten in Dachau (Bayern). Eingeladen hat-

te sie der Holocaust-Überlebende und Präsident der Lagergemeinschaft Dachau, Max Mannheimer.
Auch der damalige deutsche Bundespräsident Joachim Gauck besuchte Stätten der faschistischen Massaker. Seine Visite führten ihn im März 2013 unter anderem zu der oben genannten »Wirkungsstätte« von »Gerhard S.«, dem Ort des Grauens Sankt Anna di Stazzema und am 4. September 2013 in den französischen Ort Oradour-sur-Glane. In Oradour-sur-Glane ermordeten die Angehörigen des SS-Panzergrenadier-Regimentes »Der Führer« am 10. Juni 1944 innerhalb weniger Stunden die Bewohner eines ganzen Dorfes. Die 642 Opfer, Männer, Frauen, Kinder und Säuglinge, trieb die SS in der Kirche und in Scheunen des Ortes zusammen. Die Menschen wurden erstickt, verbrannt oder erschossen.
Diese Aufmerksamkeit höchster deutscher Repräsentanten für das ehemalige KZ Dachau, Sankt Anna di Stazzema, Oradour-sur Glane und andere Stätten der barbarischen Verbrechen des »Deutschen Reiches« kamen einerseits Jahrzehnte zu spät. Angesichts der 2013 noch immer ungesühnten Verbrechen erschienen diese Aufwartungen und die Verneigung der höchsten staatlichen Repräsentanten der Bundesrepublik vor den Opfern der faschistischen Mörder-Diktatur andererseits eher zynisch, fatal, pietätlos und unglaubwürdig. Auch die folgenden Vorgänge passen zu diesem geschichtlichen Gesamtbild der fünfundsiebzigjährigen Bundesrepublik Deutschland.

- *26. Januar 2012:* Sieben Jahre lang konnten radikale Neonazis mordend und unbehelligt durch Deutschland ziehen. Als diese Tatsache öffenbar wurde, setzte der Bundestag am 26. Januar 2012 einen Untersuchungsausschuss zur Aufklärung der NSU-Mordserie ein. Für den Zeitraum von 2000 bis 2007 wurden dem sogenannten »Nationalsozialistischen Untergrund« neun Morde an in Deutschland lebenden Türken und Griechen und einer Polizistin sowie weitere Gewalttaten vorgeworfen. Das Possenspiel, welches die deutschen Geheimdienste mit dem parlamentarischen NSU-Untersuchungsausschuss des Bundestages zur Aufklärung dieser Vorkommnisse betrieb, war mehr als ein Skandal. Akten zur Neonazi-Terrorszene, der sogenannten »Operation Rennsteig«, wurden im Bundesamt für Verfassungsschutz am 11. November 2011 vernichtet und standen damit nicht mehr für die Ermittlung des Untersuchungsausschusses zur Verfügung. »Polizei und Nachrichtendienste haben im Fall der rechtsextremen Terrorzelle komplett versagt – so das Fazit der Oppositionsobleute im NSU-Untersuchungsausschuss (in der abschließenden öffentlichen Beratung des Bundestagsausschusses am 16. Mai 2013). [...] Im Fall der rechtsextremen Terrorzelle NSU hätten Polizei und Nachrichtendienste vorurteilsbeladen und mit Scheuklappen ermittelt, sagte der Ausschussvorsitzende Sebastian Edathy (SPD). [...] Edathy sprach von einem ›multiplen‹ und ›historisch beispiellosen‹ Versagen der Sicherheitsbehörden. Die SPD-Obfrau Eva Högl sagte, die schweren Versäumnisse seien eine bittere Erkenntnis. Der Rechtsextremismus in Deutschland sei über Jahre flächendeckend verharmlost worden. [...] Die Linke-Obfrau Petra Pau sagte, bei der Aufarbeitung hätten sich viele Abgründe aufgetan. Der Grünen-Obmann Wolfgang Wieland sprach von einem ›Totalversagen unserer Sicherheitsbehörden auf allen Etagen‹. Die Sicherheitsarchitektur habe sich im Fall NSU als ›so tragfähig erwiesen, wie eine Schuhfabrik in Kambodscha‹«. [57]

- *13. März 2012:* Unter der Schlagzeile »Verfassungsschutz Aufklärung verschleppt« berichtete das ZDF, »Frontal 21«: »Deutschlands Nachrichtendienste haben ‚braune Flecken': Nazi-Täter, sogar gesuchte Kriegsverbrecher und Massenmörder zählten zeitweise zu den Mitarbeitern.« [58]
- *8. November 2012:* Schlagzeile in »Die Zeit«: »Bundeswehr duldete bekennende Neonazis. [...] Die Bundeswehr hat trotz Hinweisen ihres Geheimdienstes bis Ende der Neunzigerjahre rechtsextremistische Umtriebe in ihren Reihen ignoriert. Im NSU-Untersuchungsausschuss des Bundestages erhärtete sich der Verdacht, dass die Bundeswehr eine Art Ausbildungsstätte für bekennende Rechtsextreme war. Das Militär warb die Extremisten dann auch oft noch als V-Leute für den Verfassungsschutz an, statt sie aus dem Dienst auszuschließen.« [59]
- *6. September 2023:* »amerika21« konstatierte: »Neue Recherchen haben die Rolle deutscher Nazis beim Putsch von General Augusto Pinochet gegen die Regierung von Salvador Allende

am 11. September 1973 bekannt gemacht. Eine Reihe von Zeugnissen beleuchtet dabei das Wirken des damals als Kriegsverbrecher gesuchten ehemaligen SS-Standartenführers Walter Rauff. [...] Der Sturz Allendes durch das chilenische Militär bewegte im September 1973 die Welt. Die Regierung der Unidad Popular hatte sich mit ihrem sozialistischen Programm und der Nationalisierung der Kupferminen die USA zum Feind gemacht. Nach einer Phase seitens der USA dirigierter Maßnahmen, die die chilenische Wirtschaft zum Zusammenbruch bringen und auf diesem Weg Allende von der Macht entfernen sollte, unternahm das Militär schließlich einen Putsch und eröffnete seine grausame Repression gegen die linken Kräfte im Land. [...] Der 1984 in Santiago verstorbene Alt-Nazi Rauff brachte für die Konsolidierung der Putschisten und der Militärdiktatur ›an zentraler Stelle‹ seine Erfahrungen aus der Zeit des deutschen Faschismus bei der Vernichtung Oppositioneller ein. Er verkehrte eng mit dem Chef des Geheimdienstes der Diktatur (Dirección de Inteligencia Nacional, Dina), General Manuel Contreras. Bereits vorher war Rauff mit dem deutschen Auslandsgeheimdienst Bundesnachrichtendienst (BND) verbunden, der ihn 1958 rekrutiert hatte, um ›die Ausbreitung des Kommunismus auf dem amerikanischen Subkontinent möglichst zu verhindern‹. In dem Feature bestätigen Zeugen auch aus dem chilenischen Geheimdienst Rauffs führende Rolle bei der Organisation systematischer

Folter und dem Verschwindenlassen getöteter Oppositioneller. Rauff ist nach offiziellen Auskünften vom BND 1962 ›abgeschaltet‹ worden. Dies hing offensichtlich damit zusammen, dass Rauffs Name inzwischen Eingang in den Prozess gegen Adolf Eichmann in Israel gefunden und die Bundesrepublik in diesem Zusammenhang einen Auslieferungsantrag an Chile gestellt hatte. Mit den neuen Recherchen konfrontiert, räumte der BND nun ein, man habe doch noch einen Vermerk aus 1974 gefunden. Danach habe Rauff aber wohl lediglich als ›ausführendes Organ‹ für die Dina gearbeitet, jedoch ohne Befehlsgewalt. Die Zeugen im Feature widersprechen dem explizit. Ebenso eine Recherche des US-Anthropologen John Cole, die dieser 1974 dem Wiesenthal Institut für Holocaust-Studien in Wien übermittelte. Andere ältere Forschung förderte einen BND-Vermerk von 1984 zutage, in dem es heißt, man wusste ›von Anfang an, mit wem man es zu tun hatte [...], da Rauff aus seiner Vergangenheit nirgends ein Hehl machte‹. [...] Die Schilderungen lassen erkennen, dass der deutsche Nazi für die Verfolgung der Opposition, die Schulung in Verhörtechniken und bei der Perfektionierung des spurlosen Verschwindenlassens von gefolterten und getöteten Oppositionellen dem Repressionsapparat wertvolle Mitarbeit bot. [...] Zwischen 1960 und Februar 1962 hielt Rauff sich mehrfach zur Schulung durch den BND in der BRD auf. *Der bundesdeutsche Haftbefehl von 1961 bildete kein Hindernis.*« [60]

Die Entwicklung in den deutschen Westzonen nach 1945 und in der 1949 gegründeten BRD veranlassten 1980 den SPD-Bundestagsabgeordneten Karl-Heinz Hansen, damals Mitglied im Verteidigungsausschuss des »Deutschen Bundestages«, seine Meinung zur Demokratieentwicklung im Lande zu äußern. Hansen formulierte: »Es ist offenkundig: Im Deutschland des Jahres 1945 hat es die›Stunde Null‹ oder die ›Gnade des Nullpunktes‹zur ›endgültigen Umgestaltung des deutschen politischen Lebens auf demokratischer Grundlage‹ (Potsdamer Abkommen) nie gegeben. Folgenschwerer Geburtsmakel der zweiten deutschen Republik waren ein fauler Kompromiß mit den geistigen Wegbereitern des Nationalsozialismus, seinen Tätern und Mittätern, zu Lasten ihrer Opfer und die Fortschreibung eines aggressiven Antikommunismus [...] der 1969 zwar verbraucht schien, heute aber wieder sehr lebendig ist. Während die Jüngeren noch über einen neuen Weg diskutierten, betrieben Kräfte der alten Ordnung ihre Restauration: Industrielle, Beamte, Politiker bereiteten, ohne von Zugehörigkeit zum ›Freundeskreis der SS‹ oder durch ihr ›treues Dienen‹ im Reich Hitlers behindert zu sein, ihren spätkapitalistischen Wirtschaftswunderstaat vor.« [61]
Bertolt Brecht stellte am 1. September 1939 aus Anlass des faschistischen deutschen Überfalls auf die Republik Polen und dem damit begonnenen weltweiten deutschen Raubzug fest: »Die Geschäfte des Kapitalismus sind nun in verschiedenen Ländern (ihre Zahl wächst) ohne Rohheit nicht mehr zu machen. Manche glauben noch, es ginge doch; aber ein Blick in ihre Kontobücher wird sie früher oder spä-

ter vom Gegenteil überzeugen. Das ist nur eine Zeitfrage. Es kann in einem Aufruf gegen den Faschismus keine Aufrichtigkeit liegen, wenn die gesellschaftlichen Zustände, die ihn mit Naturnotwendigkeit erzeugen, in ihm nicht angetastet werden. Wer den Privatbesitz an Produktionsmitteln nicht preisgeben will, der wird den Faschismus nicht loswerden, sondern ihn brauchen.« [62]

8. »McCarthy«-Kommunistenverfolgung in der BRD

Unter Federführung des 33. Präsidenten der Vereinigten Staaten von Amerika, Harry S. Truman kam der am 5. März 1946 in Churchills Rede vor dem Auditorium im Westminster College in Fulton/Missouri postulierte »Eiserne Vorhang« zum Einsatz. Sowohl im Inneren der USA als auch in den Ländern des vereinten Westens. Unter US-Präsident Truman fand von 1947 bis etwa 1956 die heute als »McCarthy-Ära« bezeichnete menschenfeindliche Kampagne gegen die vermeintliche Unterwanderung der USA durch Kommunisten statt. Verfolgt wurde alles, was den Anschein von »links« hatte. Der damalige US-Senator McCarthy erlangte damit makabre Berühmtheit. Der US-»McCarthyismus« fand in der deutschen Adenauer Regierung würdige Nachahmer. In beispielloser Vasallen-Treue zu den USA kam es folglich umgehend auch in der neu gegründeten BRD zur zielgerichteten Kommunistenverfolgung. Staatliche Diskriminierung, Gewalt und Willkür gegenüber andersdenkenden Bürgern kennzeichneten den jungen deutschen Separatstaat.
Mit den Wahlen zum »1. Deutschen Bundestag« am

14. August 1949 votierten 5,7 Prozent, das heißt 1 361 706 Wähler für die »Kommunistische Partei Deutschlands« (KPD). Diese zog daraufhin mit 15 Abgeordneten in das Bundesparlament des am 24. Mai 1949 neu gegründeten westdeutschen Staates ein. Adenauer und das nach dem »Zweiten Weltkrieg« schwer angeschlagene und um seine Macht ringende deutsche Monopol- und Finanzkapital sahen in dieser Wahlentscheidung des Volkes offensichtlich eine latent drohende Gefahr für ihre ökonomische, politische und staatliche Herrschaft. Bereits kurze Zeit später erfolgte auf offener Szene und mit den damaligen Bundestagsmehrheiten der SPD (136 Bundestagsabgeordnete), CDU (117 Bundestagsabgeordnete) und CSU (24 Bundestagsabgeordnete) die Diskriminierung und Demontage der KPD-Fraktion. Dem Wählerwillen und den ureigenen bürgerlichen Demokratie-Regeln zum Trotz. Vor allem die Bundesbürger bekamen die drastischen »McCarthy«-Methoden in jener Zeit unmittelbar zu spüren. Während die bürgerlichen Parteien CDU/CSU, SPD und FDP in den 1950er-Jahren lautstark die vermeintliche Unterdrückung Andersdenkender in der sogenannten »Ostzone« – der DDR – vehement anklagten, wurden gleichzeitig kritische BRD-Bürger diskriminiert, systemoppositionelle Kräfte mit allen Mitteln drakonisch verfolgt und in den Untergrund gedrängt. Mit der im folgenden abgebildeten »Ausnahmeverordnung« ⇩vom 19. September 1950 [63] verhängte die CDU-Adenauer-Regierung umfassende Berufsverbote gegen Mitglieder von 13 Organisationen. Dieser Beschluss läutete offiziell die offensive staatliche Willkür gegen

Andersdenkende in Westdeutschland ein. Die »kommunistische Plattform der Linkspartei PDS« resümierte aus Anlass des 50. Jahrestages des Ver-

GEMEINSAMES MINISTERIALBLATT

des Bundesministers des Innern / des Bundesministers für Angelegenheiten der Vertriebenen des Bundesministers für Wohnungsbau / des Bundesministers für gesamtdeutsche Fragen des Bundesministers für Angelegenheiten des Bundesrates

HERAUSGEGEBEN VOM BUNDESMINISTERIUM DES INNERN

1. JAHRGANG — BONN, DEN 20. SEPTEMBER 1950 — NUMMER 12

Der Bundesminister des Innern

A. Amtliche Bekanntmachungen

II. Beamtenwesen

Politische Betätigung von Angehörigen des öffentlichen Dienstes gegen die demokratische Grundordnung

Beschluß der Bundesregierung vom 19. September 1950

Die Gegner der Bundesrepublik verstärken ihre Bemühungen, die freiheitliche demokratische Grundordnung zu untergraben. Jede Teilnahme an solchen Bestrebungen ist unvereinbar mit den Pflichten des öffentlichen Dienstes. Alle im unmittelbaren oder mittelbaren Bundesdienst stehenden Personen haben sich gemäß § 3 des vorläufigen Bundespersonalgesetzes durch ihr gesamtes Verhalten zur demokratischen Staatsordnung zu bekennen. Wer als Beamter, Angestellter oder Arbeiter im Bundesdienst an Organisationen oder Bestrebungen gegen die freiheitliche demokratische Staatsordnung teilnimmt, sich für sie betätigt oder sie sonst unterstützt, wer insbesondere im Auftrag oder im Sinne der auf Gewalthandlungen abzielenden Beschlüsse des 3. Parteitages der kommunistischen SED und des sogenannten „National-Kongresses" wirkt, macht sich einer schweren Pflichtverletzung schuldig.

Zu den Organisationen, deren Unterstützung mit den Dienstpflichten unvereinbar sind, gehören insbesondere:

1. die Kommunistische Partei Deutschlands mit allen ihren Unterorganisationen,
2. die sozialdemokratische Aktion,
3. die Freie Deutsche Jugend (FDJ),
4. die Vereinigung der Sowjetfreunde,
5. die Gesellschaft zum Studium der Kultur der Sowjet-Union,
6. der Kulturbund zur demokratischen Erneuerung Deutschlands,
7. der gesamtdeutsche Arbeitskreis für Land- und Forstwirtschaft,
8. das Komitee der Kämpfer für den Frieden,
9. das Komitee der Jungen Friedenskämpfer,
10. die Vereinigung der Verfolgten des Naziregimes (VVN),
11. die Sozialistische Reichspartei,
12. die sogenannte „Schwarze Front" (Otto-Strasser-Bewegung),
13. die „Nationale Front" (Dachorganisation).

Die Bundesregierung ersucht die Dienstvorgesetzten, gegen Beamte, Angestellte und Arbeiter, die ihre Treuepflicht gegenüber der Bundesrepublik durch Teilnahme an solchen Organisationen oder Bestrebungen verletzen, die erforderlichen Maßnahmen zu ergreifen. Gegen Schuldige ist unnachsichtlich die sofortige Entfernung aus dem Bundesdienst, und zwar bei Beamten auf Lebenszeit durch Einleitung eines förmlichen Dienststrafverfahrens unter gleichzeitiger vorläufiger Dienstenthebung und Gehaltseinbehaltung, bei Beamten auf Widerruf durch Widerruf, bei Angestellten und Arbeitern durch fristlose Kündigung herbeizuführen.

Die Bundesregierung empfiehlt den Landesregierungen, sofort entsprechende Maßnahmen zu treffen.

Adenauer

GMBl. S. 93

Politische Betätigung von Angehörigen des öffentlichen Dienstes gegen die demokratische Grundordnung

Erl. d. BMdI. v. 19. 9. 1950 — 21 — 2031/50 —

Der Beschluß der Bundesregierung stellt klar, daß die Teilnahme von Beamten, Angestellten und Arbeitern im unmittelbaren und mittelbaren Bundesdienst an Bestrebungen oder Organisationen, die gegen die freiheitliche demokratische Grundordnung gerichtet sind, mit der Treuepflicht gegen die Bundesrepublik nicht vereinbar ist. Darunter fallen in gleicher Weise links- und rechtsradikale Bestrebungen oder Organisationen. Die Aufzählung der Organisationen ist nicht erschöpfend.

Untersagt ist jede Teilnahme, Betätigung oder Unterstützung. Damit ist auch die Mitgliedschaft untersagt; denn bereits die geldliche Stärkung einer Organisation durch Beitritt bedeutet eine Unterstützung.

Nach Bekanntgabe des Kabinettsbeschlusses kann auch über die Unvereinbarkeit einer Unterstützung der in dem Beschluß genannten Organisationen mit den Pflichten eines öffentlichen Bediensteten kein Zweifel mehr bestehen.

bots der KPD: »Die Beschäftigung von Mitgliedern der ›Kommunistischen Partei Deutschlands‹ (KPD), der ›Freien Deutschen Jugend‹ (FDJ) und der ›Vereinigung der Verfolgten des Naziregimes‹ (VVN) im Öffentlichen Dienst wurde verboten. Am 26. Juni 1951 folgte das Verbot der FDJ. [...] Von 1950 bis 1954 fanden 35 189 Ermittlungsverfahren gegen deren Mitglieder statt. 6 429 Mitglieder wurden verhaftet und in 425 Prozessen zu insgesamt 1012 Jahren Gefängnis verurteilt«. [64] Die abgekupferte US-»McCarthy«-Politik hatte in Umsetzung des »Eisernen Vorhang« im Inneren Bundesdeutschlands eine schändliche Kontinuität. Der von Adenauer im Nachkriegsdeutschland installierte dumpfe, aggressive Antikommunismus war geprägt von Blasphemie und ideologischem Rufmord gegen Andersdenkende.Eine Welle primitivster ⇧* antikommunistischer Propaganda

überflutete die Westdeutschen und fand beim »deutschen Michel« fruchtbaren Boden. Das diesbezügliche politische Herangehen der Herrschenden ähnelte der Hexenverbrennung im Mittelalter. »Du siehst aus wie ein Kommunist, also bist du schuldig.« Politische, weltanschauliche Argumentation und Auseinandersetzung mit Kommunisten auf der Grundlage der wissenschaftlichen Werke anerkannter großer deutscher Philosophen war damals, wie heute nicht vorgesehen. Antikommunismus war und ist bis in die Gegenwart antidemokratisch und keineswegs, wie Thomas Mann einst eher verharmlosend formulierte, nur eine »Grundtorheit unserer Epoche«! [65]
Am 28. September 1951 fand die Gründung des »Bundesverfassungsgerichtes« (BVerfGE) statt. Trotz des praktizierten »McCarthyismus«, der ausufernden staatlichen Diskriminierung, Gewalt und Willkür gegenüber andersdenkenden Bürgern beschloss das BVerfGE 1952 eine Definition der im GG festgeschriebenen »freiheitlichen demokratischen Grundordnung«. Das BVerfGE formulierte: »Freiheitliche demokratische Grundordnung im Sinne des Art. 21 II GG ist eine Ordnung, die unter Ausschluss jeglicher Gewalt und Willkürherrschaft eine rechtsstaatliche Herrschaftsordnung auf der Grundlage der Selbstbestimmung des Volkes nach dem Willen der jeweiligen Mehrheit und der Freiheit und Gleichheit darstellt. Zu den grundlegenden Prinzipien dieser Ordnung sind mindestens zu rechnen: die Achtung vor den im Grundgesetz konkretisierten Menschenrechten, vor allem vor dem Recht der Persönlichkeit auf Leben und freie Entfaltung,

die Volkssouveränität, die Gewaltenteilung, die Verantwortlichkeit der Regierung, die Gesetzmäßigkeit der Verwaltung, die Unabhängigkeit der Gerichte, das Mehrparteienprinzip und die Chancengleichheit für alle politischen Parteien mit dem Recht auf verfassungsmäßige Bildung und Ausübung einer Opposition.« [66] Die verkündete »Ausnahmeverordnung« vom 19. September 1950 mit den darauf basierenden praktizierten Berufsverboten stand offensichtlich den 1952 vom BVerfGE formulierten Inhalten der »freiheitlichen demokratischen Grundordnung« des Grundgesetzes direkt entgegen. Adenauer bereitete die vermeintlich endgültige Bewältigung des »Kommunistenproblems« durch das Verbot der KPD trotz alledem weiter unbeirrt gezielt vor. So wurde der 17. August 1956 ein weiterer rabenschwarzer Tag für die sogenannte »freiheitliche demokratische Grundordnung«, »die Chancengleichheit für alle politischen Parteien mit dem Recht auf verfassungsmäßige Bildung und Ausübung einer Opposition«. Das erneute Verbot der »Kommunistischen Partei Deutschlands« an jenem 17. August stand in der direkten Tradition des untergegangenen faschistischen Reiches. Der Ablauf dieser KPD-Ächtung ist bis heute ein Schaubild für die Wirkungsweise der 1949 in das BRD-Grundgesetz als Machtinstrument aufgenommenen sogenannten »Gewaltenteilung«. Im Punkt fünf »Separatstaat BRD in Aktion« wurde deren Wirkungsweise dargestellt. Von »einer Aufteilung der staatlichen Macht auf getrennte, voneinander unabhängige und sich gegenseitig kontrollierende Staatsorgane« gab es im KPD-Verbotsprozess keine Spur. Der Ablauf des Verbotsprozesses belegte im Gegenteil sehr anschaulich das effektive und abgestimmte Handeln der beteiligten Institute der »Gewaltenteilung«. Zur Wirkung kam das im Folgenden dokumentierte enge Zusammenspiel des Deutschen Bundestages (Legislative), der Bundesregierung (Exekutive) und des Bundesverfassungsgerichtes (Judikative).

- *30. August 1951:* Der Deutsche Bundestag beschloss das »1. Strafrechtsänderungsgesetz« (auch bezeichnet als »Blitzgesetz«). Diese Norm bildete die gesetzliche Grundlage für die politische Strafjustiz und damit für das folgende Verbotsverfahren der KPD. Zum Gesetz wurde ein Strafrecht, in dem es auf eine reale Straftat gar nicht ankam. »Der Täter braucht(e) subjektiv keine verfassungsfeindlichen Ziele zu verfolgen. Er braucht(e) auch selbst keine gegen die Verfassung gerichtete Handlung begangen zu haben.« [67] Schon eine »linke Gesinnung« reichte. »Politisch war das 1. Strafrechtsänderungsgesetz von 1951 eindeutig und ausschließlich gegen Kommunisten gerichtet.« [68]
- *22. November 1951:* Knapp drei Monate nach Verkündung des »1. Strafrechtsänderungsgesetzes« handelte die Adenauer-Regierung. Sie stellte am 28. September 1951 bei dem dafür offensichtlich eigens gegründeten Bundesverfassungsgericht den Antrag auf Verbot der KPD.
- *23. November 1952:* Zügig entsprach das Bundesverfassungsgericht dem Antrag der Bundesregierung vom 22. November 1951. Am 23. November 1952 begann vor dem Ersten Senat des Bundesverfassungsgerichtes in Karlsruhe der

Prozess zum Verbot der KPD.

- *5. Juli 1955:* »Am 5. Juli 1955 begründet der Prozeßbevollmächtigte der Bundesregierung Ritter von Lex – ehemals NS-Innenministerium – ganz in Geist und Diktion seiner vormaligen ›Arbeitgeber‹ vor dem BVG (Bundesverfassungsgericht) den Antrag auf Verbot der KPD: ›Sie ist ein gefährlicher Infektionsherd im Körper unseres Volkes, der Giftstoffe in die Blutbahn des staatlichen und gesellschaftlichen Organismus der Bundesrepublik sendet.‹« [69]
- *17. August 1956:* Das Bundesverfassungsgericht verkündete das Verbot der KPD.
- *17. August 1956:* Noch am Tag der Urteilsverkündung (!) setzte die Bundesregierung unverzüglich das Verbot der KPD in die Tat um. »›Aktion Karabiner‹ hieß das polizeiliche Kennwort, als in den Morgenstunden des 17. August 1956 ein großes Polizeiaufgebot in Düsseldorf das Haus des Parteivorstandes der KPD, Verlag und Redaktion des Zentralorgans ›Freies Volk‹ sowie die Druckerei gleichzeitig mit allen Einrichtungen der KPD besetzten. Unter dieser militant-martialischen Codierung galt es das kurz zuvor als ›dpa-Blitz‹ über die Fernschreiber verbreitete Urteil des Karlsruher Bundesverfassungsgerichts (BVG) [...] zu exekutieren:
  1. Die Kommunistische Partei Deutschlands ist verboten.
  2. Die Kommunistische Partei Deutschlands wird aufgelöst.
  3. Es wird verboten, Ersatzorganisationen für

die Kommunistische Partei Deutschlands zu schaffen oder bestehende Organisationen als Ersatzorganisationen fortzusetzen.
4. Das Vermögen der Kommunistischen Partei Deutschlands wird zugunsten der Bundesrepublik Deutschland zu gemeinnützigen Zwecken eingezogen.« [70]

- In einer Erklärung verurteilte der Parteivorstand der nun verbotenen »Kommunistischen Partei Deutschlands« den staatlichen Akt zur Zerschlagung ihrer Organisation: »›Das Urteil gegen die KPD ist gesprochen im Namen der deutschen Konzernherren, der Militaristen und der amerikanischen Hochfinanz. Das Volk wird das Urteil gegen die KPD niemals anerkennen, weil es gegen Frieden, Freiheit und nationale Wiedervereinigung gerichtet ist.‹« [71]

Das Verbot der KPD wurde damit durch eben das »unabhängige« Verfassungsorgan ausgesprochen, welches 1952 die Inhalte der »freiheitlichen demokratischen Grundordnung« definierte. Durch jenes Verfassungsorgan, das »die Chancengleichheit für alle politischen Parteien mit dem Recht auf verfassungsmäßige Bildung und Ausübung einer Opposition« zum Grundsatz der Existenz des BRD-Staates erhob.

Man braucht in diesem Fall nur Demokrat zu sein, um aus dem Vorgang zu erkennen, welchem Teil der bundesdeutschen Gesellschaft das Verbot der KPD von 1956 diente. Ziel der Aktion war die gehorsame Umsetzung der US-»McCarthy«-Doktrin des »Eiserne Vorhang« zur Zurückdrängung und Vernichtung der vermeintlichen »kommunistischen

fünften Kolonnen« in der BRD und damit der vorbeugende Machterhalt des Monopol- und Finanzkapitals in der Bundesrepublik.
Ein als gefährlich eingeschätzter politischer Gegner wurde ausgeschaltet. Der dumpfe Antikommunismus hatte einen wichtigen Sieg errungen. Damit wiederholte sich ein Akt, der im faschistischen Deutschland nur 23 Jahre vorher –1933– schon einmal vollzogen wurde. Die Sorge, der Kommunismus könnte in die Bundesrepublik »überschwappen« und die Macht des etablierten Kapitals gefährden, war offensichtlich gewaltig. Größer als die Umsetzung der eigenen, selbst verordneten Rechtsgrundsätze der »freiheitlichen demokratischen Grundordnung«.
Das Verbot der Kommunistischen Partei Deutschlands macht deutlich, wie weit die bis heute viel beschworene politische Freiheit und der Pluralismus in der BRD-Gesellschaft von den etablierten Verfassungsorganen zugelassen werden. Bei vermeintlicher Gefahr für die Pfründe des herrschenden Kapitals ist »Schluss mit lustig«.
Mit dem Verbot der KPD intensivierte sich die Prozesslawine gegen die Kommunisten in der Bundesrepublik. »Von 250 000 Ermittlungsverfahren, in die von 1951 bis 1968 an die 500 000 Bundesbürger involviert waren, führten rund 10 000 zu Verurteilungen mit zum Teil hohen Freiheitsstrafen, verbunden mit Nebenstrafen wie Polizeiaufsicht und Aberkennung der Grundrechte, Paßentzug, Reisebeschränkung. [...] Die Gerichte verurteilten [...] (auch die) durch die Zuchthäuser und Konzentrationslager des NS-Regimes gegangene(n) Männer

und Frauen, die sich als Widerständler laut Bundesentschädigungsgesetz (BEG) ›um Deutschland verdient‹ gemacht hatten. Wegen Verstoßes gegen das KPD-Verbot wurden sie nicht nur neuerlich zu Verfolgten, durch Gerichtsentscheid wurde ihnen der Verfolgtenstatus aberkannt; erhaltene Haftentschädigung mußte auch noch zurückgezahlt werden.« [72] Das KPD-Verbot von 1956 und die Verfolgung Andersdenkender mittels des Radikalenerlasses von 1972 bekam, wie vor allem im Punkt sieben »Hoffähige Faschisten« dokumentiert, einen äußerst bitteren und makabren Beigeschmack. Durch die Durchdringung der BRD-Justiz mit ehemaligen faschistischen Juristen konnte ein Kommunist im Jahre 1956 unter Umständen vor demselben Richter stehen wie im faschistischen Deutschland der Jahre 1933 bis 1945.

9. SPD – opportunistische Trittbrettfahrerin

Die führenden Kader der etablierten »Sozialdemokratischen Partei Deutschlands« verfolgten den von 1951 bis 1956 laufenden Verbotsprozess zur gewaltsamen Aussonderung der »Kommunistischen Partei Deutschlands« nach US-Vorbild mit wachem Blick. Die zeitgleiche nachrichtendienstliche Bespitzelung von linken Sozialdemokraten durch Adenauers »neue« Geheimdienste und das am 17. August 1956 durch das Bundesverfassungsgericht verkündete Verbot der KPD ließen bei der opportunistischen SPD offensichtlich alle Alarmglocken schrillen. Neue Grundsatzentscheidungen zum Erhalt ihrer Partei mussten getroffen werden. Vorauseilende Speichelleckerei gegenüber dem herrschenden Ka-

pital machte sich breit. Am Ende dieser Anpassungsorgie blieb von einer Partei, die sich bis heute als »links« bezeichnet, nichts Linkes übrig.
Vom 13. bis 15. November 1959 fand in Bad Godesberg ein denkwürdiger außerordentlicher Parteitag der SPD statt. Die Delegierten beschlossen ein Grundsatzprogramm, in dem folgerichtig die historische Trennung von jeglichem marxistischen Gedankengut und die Wandlung der SPD von einer »sozialistischen Arbeiterpartei« hin zu einer sogenannten »Volkspartei« formuliert wurde. Zu dieser markanten Beschlusslage gehörte gleichzeitig das Bekenntnis zur sogenannten Marktwirtschaft, also zum herrschenden Kapitalismus und zur Landesverteidigung. [73]
Eine große Überraschung war die Abgrenzung der SPD zum Marxismus freilich nicht. Die Parteipraxis der SPD entsprach bereits wesentlich und lange vorher den Inhalten eines solchen Beschlusses. Aber diese markante, transparente und demonstrative opportunistische Grundsatzentscheidung wurde 1959 dank »McCarthy« und dem KPD-Verbot dringend benötigt. Die »Sozialdemokratischen Partei Deutschlands« und vor allem ihr Führungspersonal musste sich für die herrschende bürgerliche kapitalistische Klasse der Bundesrepublik »hoffähig«, also regierungsfähig präsentieren. Gleichzeitig hielten die SPD-Parteibonzen den Godesberger Beschluss offensichtlich für nötig, um künftig in persona direkt an der Machtausübung im kapitalistischen deutschen Staat als akzeptierte »Partner« beteiligt zu werden. Mit der offenen Bekundung der Trennung von jeglichem marxistischen Gedanken-

gut wurde durch die SPD nicht nur die Voraussetzung geschaffen, einer Hexenjagd wie mit der KPD geschehen zu entgehen. Jeglicher Konflikt mit dem herrschenden Kapital wurde so in der Zukunft vermieden. Treibender Keil für diese auf dem »Godesberger Parteitag« getroffene Grundsatzentscheidung war Herbert Wehner, der sich noch 1952 für Verhandlungen über die »Stalin-Note« und ein geeintes Deutschland einsetzte. Im Jahre 1946 trat Wehner der SPD bei und wurde 1958 stellvertretender Vorsitzender der SPD. Es ist auch jener Herbert Wehner, der am sechsten Juni 1942 unter dem Vorwurf des Verrats aus der Kommunistischen Partei Deutschlands ausgeschlossen worden war. Wehners ausgeprägter Opportunismus wird in seinem Agieren auf dem außerordentlichen »Godesberger Parteitag« der SPD im November 1959 deutlich. Im Ergebnis seiner erfolgreichen »Bemühungen« zur Wandlung der SPD von einer »sozialistischen Arbeiterpartei« hin zu einer sogenannten »Volkspartei«war Wehner dann von 1966 bis 1969 »Bundesminister für gesamtdeutsche Fragen«. Er »diente« unter dem im Punkt sieben »Hoffähige Faschisten« bereits erwähnten CDU-Bundeskanzler Kurt Georg Kiesinger. In dessen Amtszeit fiel »die Einführung der Notstandsgesetze sowie Gesetze, die zur Verjährung von NS-Kriegsverbrechen führten«. [74] Und die SPD war bei diesen Beschlüssen stets mit im Boot.

❖

Die »Sozialdemokratischen Partei Deutschlands« befand sich in der Geschichte der Bundesrepublik bisher rund 23 Jahre in politischer und staatlicher Verantwortung für das Land. Nach gewonnenen Bundestagswahlen stellte diese in den zurückliegenden 75 Jahren viermal den deutschen Bundeskanzler:

- Willy Brandt, 1969 bis 1974,
- Helmut Schmidt, 1974 bis 1982,
- Gerhard Schröder, 1998 bis 2005 und
- Olaf Scholz, seit 8. Dezember 2021.

Diese Spitzenpolitiker der SPD hatten im Amt des Bundeskanzlers jeweils die Chance, zumindest die auf dem außerordentlichen Parteitag der SPD 1959 in Bad Godesberg beschlossenen Grundsätze praktisch umzusetzen. Da wäre zum Beispiel der sogenannte »demokratische Sozialismus«, die hochtrabend formulierte »Gesellschaft der Freien und Gleichen« oder der »Vorrang der Demokratie vor den Interessen der Wirtschaft«. Mit ihrer idealistischen, utopischen Weltsicht und dem praktizierten Opportunismus stand sich die SPD seither bei der Umsetzung dieser gesteckten Ziele selbst im Wege.

Der Wandel von einer ehemals sozialistischen Partei in eine opportunistische sozialdemokratische Partei lässt sich in den Grundsatzprogrammen der SPD der zurückliegenden 75 Jahre nachverfolgen. Nach Bad Godesberg folgte 1989 das »Berliner Programm« und achtundvierzig Jahre nach den Beschlüssen von Bad Godesberg am 28. Oktober 2007 das »Hamburger Programm. Grundsatzprogramm der Sozialdemokratischen Partei Deutschlands«.

In meinem Buch »Irrlichter der deutschen Sozialdemokratie« analysierte ich 2016 das »Hamburger Grundsatzprogramm« und legte dessen utopische

Weltsicht offen. [75] Die SPD konstatierte 2007 in ihrem Hamburger Strategiepapier unter anderem: »In (der SPD) [...] arbeiten Frauen und Männer unterschiedlicher Herkunft, verschiedener religiöser und weltanschaulicher Überzeugungen zusammen. Sie verstehen sich seit dem Godesberger Programm von 1959 als linke Volkspartei, die ihre Wurzeln in Judentum und Christentum, Humanismus und Aufklärung, marxistischer Gesellschaftsanalyse und den Erfahrungen der Arbeiterbewegung hat.« [76] Karl Marx, der anerkannte Vordenker des wissenschaftlichen Sozialismus, spielt im Hamburger Grundsatzprogramm der SPD von 2007 keine Rolle. Da Karl Marx von der Sozialdemokratie aber trotz Trennung von jeglichem marxistischen Gedankengut nicht ganz zu verschweigen war, kam sein Name sozusagen als Feigenblatt auf Seite 13 von den siebenundsiebzig Seiten des Programmtextes ein einziges Mal vor. Es ist der oben zitierten Satz des Parteiprogramms, welcher das Selbstverständnis der SPD erläutern soll. Dem politisch aufgeklärten Leser muss es bis heute geradezu peinlich erscheinen, dass ausgerechnet der Bezug auf eine »marxistische Gesellschaftsanalyse«, d. h. eine wissenschaftliche Gesellschaftsanalyse im SPD-Parteiprogramm hergestellt wird. Eine solche Wissenschaftlichkeit ist an keiner Stelle dieses Papiers zu finden. Vom kleinsten Anzeichen einer marxistischen, materialistischen Weltanschauung hält sich die SPD seit Bad Godesberg konsequent fern. Dafür zwei Beispiele aus dem »Hamburger Grundsatzprogramm«:

1. »Die Sozialdemokratie [...] hat [...] den Sozial-

staat ausgebaut und zusammen mit den Gewerkschaften aus verachteten Proletarierinnen und Proletariern gleichberechtigte und selbstbewusste Staatsbürgerinnen und Staatsbürger gemacht.« [77]

2. »Mit dem Zusammenbruch des Kommunismus wurde(n) [...] die politische Spaltung der Welt überwunden.« [78]

Wie nicht anders zu erwarten, wurde in den dreiundzwanzig Jahren SPD-Kanzlerschaft die Politik im Sinne des herrschenden Monopol- und Finanzkapitals stets kontinuierlich fortgesetzt. Die SPD-Beschlüsse von Bad Godesberg, von Berlin und von Hamburg blieben, was sie von Beginn an waren – manipulative Utopie. Übersehen wir mal den im ersten Beispiel enthaltenen demagogischen Versuch der Leugnung der Existenz des ausgebeuteten Proletariats und der Klassengesellschaft in der Bundesrepublik. Was bleibt dann? Das reale Ergebnis des Wirkens der SPD bei der Entwicklung ihres »vorsorgenden Sozialstaates«und der Erreichung einer »gleichberechtigten« Stellung der »Proletarierinnen und Proletarier« ist schockierend ernüchternd. Die Sonderinteressen des herrschenden Kapitals im Lande stellen sich immer aufs Neue gegen das Proletariat, gegen die Interessen der breiten Mehrheit der Gesellschaft und damit gegen rund 90 Prozent des Volkes. Ernüchternde Realität der SPD-Politik ist die Negation der realen sozialen Lage der von Lohn, Gehalt, Provision und Rente lebenden einfachen Menschen. Die einzige Antwort und praktizierte »Lösung« des Sozialdramas besteht durch die SPD in der weiteren Manifestierung des vertuschenden Klischees vom »Arbeitnehmer« und vom treu sorgenden »Arbeitgeber« (⇨Seite 50). Die Geschichte der zurückliegenden 34 Jahre seit der konterrevolutionären Eingemeindung des wahrhaften deutschen Sozialstaates DDR in die BRD widerlegt auch die unter Beispiel zwei zitierte programmatische Behauptung »die politische Spaltung der Welt (sei) überwunden.« Nachdem Michail Gorbatschow als das »Trojanische Pferd« des Westens die »Büchse der Pandora« öffnete (⇨ Punkt 11), vertiefte sich »die politische Spaltung der Welt«, die Kluft zwischen Arm und Reich und zwischen Ost und West dramatisch. Die SPD sah dieser Entwicklung nicht nur »freudestrahlend« zu. Sie sorgte mit ihrer Politik dafür, dass die soziale und politische Spaltung in Deutschland, Europa und der Welt – die Vertiefung der Ausbeutung des Menschen durch den Menschen intensiviert und vorangetrieben wurde. Die »Sozialdemokratische Partei Deutschlands« in Regierungsverantwortung stellte mit ihren Kapitalkonformen, unsozialen und demokratiefeindlichen drastischen Entscheidungen oft sogar die rechten bürgerlichen Parteien CDU/CSU und FDP in den Schatten. Nachvollziehbar wird diese Feststellung an wenigen ausgewählten Beispielen des konkreten Agierens der bisherigen SPD-Bundeskanzler.

☞ Fünf Jahre SPD-Bundeskanzler Willy Brandt. Willy Brandt wurde 1969 der erste SPD-Bundeskanzler und gleichzeitig der vierte Bundeskanzler der BRD seit 1949. Im Jahr der Übernahme seines Amtes versprach dieser den Bundesbürgern: »mehr Demokratie wagen«. Sechzehn Jahre nach dem

KPD-Verbot verabschiedete die Bundesregierung unter Kanzler Brandt am 28. Januar 1972 den sogenannten »Radikalenerlass«, auch als »Extremistenbeschluss« bekannt. Dieser staatliche Akt war Beleg für den groben Widerspruch und den bedenklichen Zustand einer in der Proklamation von Demokratie unübertroffenen und von dieser scheinbar übermannten Sozialdemokratie. Das Handeln von SPD-Bundeskanzler Willy Brandt reihte sich kennzeichnender Weise nahtlos an den unter Punkt acht »›McCarthy‹-Kommunistenverfolgung in der BRD« dokumentierten sogenannten »Adenauer-Erlass« vom 19. September 1950 ein (⇨Seite 85). [79]
Der SPD-»Radikalenerlass« unter Willy Brandt stellte einen weiteren drastischen staatlichen Beschluss der Willkür gegen Andersdenkende in Deutschland dar. Die schockierenden Ergebnisse dieses staatlichen Aktes im Zeitraum von 1972 bis zum Jahre 2012: »Insgesamt etwa 3,5 Millionen Bewerber für den öffentlichen Dienst wurden in (diesen) [...] vergangenen 40 Jahren vom Verfassungsschutz durchleuchtet. Es kam insgesamt zu rund 11000 offiziellen Berufsverbotsverfahren, 2200 Disziplinarverfahren, 1250 Ablehnungen von Bewerbungen und 265 Entlassungen.« [80]
Opfer dieses »Extremistenbeschlusses« waren nicht nur Kommunisten. Selbst linke Sozialdemokraten, Gewerkschafter, Antifaschisten und Pazifisten gehörten zu den Verfolgten. Die Praxis des »Radikalenerlasses« spiegelte den eindeutigen Verstoß gegen die fixierte »freiheitliche demokratische Grundordnung« und gegen »die Achtung vor den im Grundgesetz konkretisierten Menschenrechten, vor

allem vor dem Recht der Persönlichkeit auf Leben und freie Entfaltung« wider. Dieses Staatshandeln stellte auch eine Missachtung des Artikels 33 (2) und (3) des Grundgesetzes der BRD dar: »Jeder Deutsche hat nach seiner Eignung, Befähigung und fachlichen Leistung gleichen Zugang zu jedem öffentlichen Amte. [...] Niemandem darf aus seiner Zugehörigkeit oder Nichtzugehörigkeit zu einem Bekenntnisse oder einer Weltanschauung ein Nachteil erwachsen.« [81] So also sah des Bundeskanzlers Willy Brandt »mehr Demokratie wagen« aus!

☞ Acht Jahre SPD-Bundeskanzler Helmut Schmidt.

Das SPD-Mitglied Karl-Heinz Hansen war 14 Jahre von 1969 bis 1983 Abgeordneter im »Deutschen Bundestag«. Während der Amtszeit von Bundeskanzler Helmut Schmidt wagte es dieser langjährige SPD-Abgeordnete von seinem demokratischen Recht auf freie kritische Meinungsäußerung Gebrauch zu machen. Als Mitglied im Verteidigungsausschuss des Bundestages erklärte Hansen am siebenten Juli 1980 im »DER SPIEGEL« die unter Punkt 7 »Hoffähige Faschisten« zitierten Sätze: »Es ist offenkundig: Im Deutschland des Jahres 1945 hat es die ›Stunde Null‹ oder die ›Gnade des Nullpunktes‹ zur ›endgültigen Umgestaltung des deutschen politischen Lebens auf demokratischer Grundlage‹ (Potsdamer Abkommen) nie gegeben. Folgenschwerer Geburtsmakel der zweiten deutschen Republik waren ein fauler Kompromiß mit den geistigen Wegbereitern des Nationalsozialismus, seinen Tätern und Mittätern, zu Lasten ihrer

Opfer und die Fortschreibung eines aggressiven Antikommunismus«. [82] Quintessenz: Karl-Heinz Hansen wurde aufgrund seiner Kritik am BRD-Staat und der Regierungspolitik des amtierenden sozialdemokratischen Bundeskanzlers Helmut Schmidt am 20. Juli 1981 aus der SPD ausgeschlossen. Solche Politiker und »Nestbeschmutzer« mit einer eigenen demokratischen Meinung brauchte und braucht man offensichtlich in einer bürgerlichen Partei, zu der sich die SPD »entwickelt« hat, nicht.

☞ Sieben Jahre SPD-Bundeskanzler Gerhard Schröder.

Im Jahre 1998 ging aus den Bundestagswahlen eine rot-grüne Regierung unter SPD-Bundeskanzler Gerhard Schröder hervor. Von 1999 bis 2004 war Schröder gleichzeitig auch Vorsitzender der SPD. Die SPD in erneuter Regierungsverantwortung barg die dritte Chance, in der Geschichte der Bundesrepublik ihrer sozialen Verantwortung gegenüber der Mehrheit der Gesellschaft, der von Lohn, Gehalt, Provision und Rente lebenden Menschen nachzukommen. Dem programmatischen Ziel des sogenannten »demokratischen Sozialismus« hätte jetzt erneut Ernsthaftigkeit verliehen werden können. Aber entgegen dieser für den Kapitalismus utopischen Zielsetzung verkündete der sozialdemokratische Kanzler im 140. Gründungsjahr der SPD am 14. März 2003 im Deutschen Bundestag seine »Agenda 2010«. Die praktizierte Politik dieses Konzeptes war das direkte Gegenteil zu den in den SPD-Parteiprogrammen verkündeten sozialen Aufgaben-

Am 24. März 1999 begann die NATO ihren Angriff auf Jugoslawien. Der Militärpakt hatte ihn konsequent herbeigeführt und verschob erstmals seit 1945 Grenzen in Europa mit Gewalt. [...] Der Krieg, den die NATO vor 25 Jahren gegen die Bundesrepublik Jugoslawien entfesselte, vollendete acht Jahre nach dem Ende der Sowjetunion die Niederlage des Sozialismus in Europa und die der Bewegung Blockfreier Staaten, die 1961 in Belgrad gegründet worden war. Die Zügelung des imperialistischen Faustrechts durch das Völkerrecht, insbesondere durch die UN-Charta, war vorläufig beseitigt. Die NATO erteilte sich selbst das Mandat zum Überfall, das heißt zum Staatsterror. [...]
Erst 15 Jahre später räumte der damalige **SPD-Kanzler Gerhard Schröder** ein: *»Da haben wir unsere Flugzeuge (...) nach Serbien geschickt, und die haben zusammen mit der NATO einen souveränen Staat gebombt – ohne dass es einen Sicherheitsratsbeschluss gegeben hätte.«* [...]
Das aber war die Zäsur, die von der NATO gesetzt wurde. Sie ist seitdem ein Kriegführungspakt. Die völkerrechtswidrigen Feldzüge gegen Afghanistan, Irak und Libyen, aber auch das illegale Eingreifen in Syrien, wo bis heute US-Truppen stationiert sind, die Völkerrechtsbrüche des NATO-Mitglieds Türkei in Syrien und im Irak sowie schließlich der insbesondere von den USA und der BRD gedeckte Genozid Israels in Gaza sind nur einige Stationen. [...]

»Junge Welt« vom 23. März 2024.
Beitrag von Arnold Schölzel: »Der Türöffnerkrieg«.
www.jungewelt.de/artikel/471936.nato-angriff-1999-der-türöffnerkrieg.html.

stellungen. Bereits 2001 hatte Gerhard Schröder in der »Bildzeitung« verkündet: »Wer arbeiten kann, aber nicht will, der kann nicht mit Solidarität rechnen. Es gibt kein Recht auf Faulheit in unserer Gesellschaft!« [83] Der mit der »Agenda 2010« verbundene Sozialabbau war das »Geburtstagsgeschenk« des Parteijubilars SPD an das herrschende Kapital zulasten des deutschen Proletariats. Die »Agenda 2010« trug Gerhard Schröder auf dem Rücken der meisten der von Lohn, Gehalt, Provision und Rente lebenden Menschen in Deutschland aus. Die daraus in der Folge hervorgegangenen sogenannten »Hartz IV Reformen« waren ein prägnantes Beispiel für eine zutiefst unsoziale Politik der SPD. Gerichtet gegen die große Mehrheit des Volkes im Sonderinteresse einer kleinen »Teilgesellschaft«, dem deutschen Monopol- und Finanzkapital und der Reichen. In seiner Regierungserklärung vom 14. März 2003 verkündete SPD-Kanzler Schröder im Bundestag »folgerichtig« und ganz im Sinne der herrschenden bürgerlichen kapitalistischen Gesellschaft die einschneidenden Maßnahmen für das Proletariat: »Wir werden Leistungen des Staates kürzen, Eigenverantwortung fördern und mehr Eigenleistung von jedem Einzelnen abfordern müssen«. [84]
1999 trat auch das Demokratieverständnis des SPD-Bundeskanzlers Schröder offen zutage. Er entschied sich für die Beteiligung Deutschlands am NATO-Krieg im Kosovo (Jugoslawienkrieg) unter Führung der USA. Zitat Schröder: »Als es um den Kosovo ging, gab es einen Parteitag der SPD. Die Mitglieder waren alle dagegen. Ich sagte: Es hilft nichts, wir müssen das machen.« [85]

☞ Seit 8. Dezember 2021, SPD-Bundeskanzler Olaf Scholz.

Von Oktober 2002 bis März 2004 war Olaf Scholz unter dem damaligen Parteivorsitzenden und Bundeskanzler Gerhard Schröder Generalsekretär der SPD und damit ein offensiver Wegbereiter und Organisator der Beschlüsse zur »Agenda 2010« und der darauf basierenden »Hartz IV Reformen«. Die bürgerlichen deutschen Medien warfen Scholz damals vor, die unsoziale SPD-Politik von Schröder wie ein Automat nur noch in Sprechformeln zu verkaufen und gaben ihm den Spitznamen »Scholzomat«.

Der nunmehr frisch gekürte SPD-Kanzlerkandidat Scholz (damals noch Finanzminister in der CDU-Merkel-Regierung!) verkündete am 10. Dezember 2020 im Interview mit dem »DER TAGESSPIEGEL«: »Der wirtschaftskompetenteste Kanzler, den man kriegen kann, heißt aber Olaf Scholz.« [86] Am 26. September 2021 fanden Bundestagswahlen statt. Scholz wurde am 8. Dezember 2021 Kanzler einer SPD/FDP/Grünen-Regierung. Das ökonomische Ergebnis des »wirtschaftskompetentesten Kanzlers« brachte die Abgeordnete des Deutschen Bundestages, Sevim Dağdelen (Die Linke) nach rund zwei Jahren Kanzlerschaft im September 2023 auf den Punkt. »Während die Beschäftigten in Deutschland vier Prozent an Reallohnverlusten zu erleiden haben – die höchsten Verluste seit Ende des Zweiten Weltkriegs – explodieren mit 170 Milliarden Euro die Gewinne der Dax-Konzerne.« [87] Kennzeichnend auch die ARD-Meldung vom 8. Februar 2024: »Der Kanzler reist (heute) zum dritten

Mal in seiner Amtszeit (von bisher 26 Monaten) nach Washington.« Die Reiselust von Olaf Scholz zu US-Präsident Biden bestätigte das Bild von der skizzierten Vasallen-Rolle Deutschlands im Verhältnis zu den USA. »Der Bundeskanzler jedenfalls legt Wert darauf, außen- und vor allem sicherheitspolitisch nichts zu unternehmen, ohne vorher mit Biden gesprochen zu haben. Jede neue deutsche Waffenlieferung an die Ukraine, von ›Patriot‹ oder ›Iris-T‹ bis zum Kampfpanzer ›Leopard‹ – alles stets nur in enger Absprache mit dem US-Präsidenten. [...] Seine Leute haben gerade ausgerechnet, dass Deutschland seit Kriegsbeginn fast 30 Milliarden Euro an Hilfen für die Ukraine bereits geliefert oder zumindest zugesagt hat. Deutschland ist damit rechnerisch die Nummer zwei der Ukraine-Unterstützer nach den USA.« [88]

10. Parole »Rollback«

Die Herrschenden der kapitalistischen Welt setzten gemäß der »Truman-Doktrin« vom 12. März 1947 auf das gewaltsame Zurückrollen der ihnen permanent bedrohlich erscheinenden sozialistischen Volksmacht in der UdSSR. Das überkommene kapitalistische Gesellschaftssystem, die Ausbeutung des Menschen durch den Menschen, wird den Völkern der Erde deshalb seither irreführend und permanent als »demokratische und freie westlichen Welt« verkauft. Deutschland bezeichnet sich zudem irreführend und manipulativ als sogenannte »Soziale Marktwirtschaft«.
Selbstverständlich sollte die kapitalistische »Truman-Welt« rund um den Erdball stetig weiter un-

eingeschränkt herrschen. Deshalb bekam die Doktrin des US-Präsidenten Truman neben der Entfaltung des »Eisernen Vorhangs« zusätzlich die Handlungsmaxime des »Rollback«, des Zurückrollens jeglicher fortschrittlicher linker und marxistischer Bewegungen, – mit allen Mitteln. Diese Praxis wurde im Herzen Europas zur zentralen Aufgabe des westlichen Bündnisses. Die »bewährten« Methoden des politischen Boykotts, des wirtschaftlichen Embargos und des Anheizens des militärischen Wettrüstens erhielten nunmehr eine Ergänzung. Zur wirksamen »Rollback«-Waffe des »Kalten Krieges« wurde die psychologische Kriegsführung durch die Weststrategen gegen die Staaten des 1990 neu entstandenen »Rates für gegenseitige Wirtschaftshilfe« (RGW). Die am 7. Oktober 1949 gegründete DDR, vor allem das gespaltene Berlin, die DDR-Hauptstadt, gerieten für Jahrzehnte zum Hauptkampffeld für das westliche Bündnis und die NATO. Stets unter der »bewährten« Führung der USA. Für die psychologische Kriegsführung kamen im Herzen Europas die damals wirksamsten US-hörigen Massenmedien zum Einsatz. Die Sender »RIAS« (Radio im amerikanischen Sektor), »SFB« (Sender freies Berlin), »Radio free Europe« und der US-Sender der CIA »Radio Liberty« sind nur einige Beispiele dafür. »Radio Liberty« kümmert sich auch heute in genannter bewährter Weise um Kuba, Russland, die Ukraine und viele andere in der Aufmerksamkeit der USA liegende Staaten.
Insbesondere der bereits am 21. November 1945 von der amerikanischen Besatzungsmacht in Westberlin gegründete »RIAS« war hyperaktiv. Diese so-

genannte Rundfunkanstalt entwickelte sich zu einer Speerspitze, – zum Spezialisten für den Versuch der negativen psychologischen Beeinflussung der Bürger in der sogenannten »Ostzone«, dem späteren DDR-Staat. Ostberlin stand permanent im Zentrum von subversiver Aktivität der genannten Medien. Der »RIAS« agierte unter dem Slogan: »Eine freie Stimme der freien Welt«. Aber Lügen, triefende Hetze und Hassattacken waren im Widerspruch dazu seine täglichen »Übungen«, – konzentriert verbreitet über und gegen die sowjetische Besatzungszone und ab 7. Oktober 1949 die DDR-Volksmacht und ihre Führungsorgane, die SED und das gesamte politische Parteienspektrum. Mit der objektiven Wahrheit nahm es also die »freie Stimme der freien Welt« geflissentlich nicht so genau. Gezielt verbreitete Desinformationen und Lügen dienten speziell der Vorbereitung und Durchführung von Sabotageakten in den volkseigenen Betrieben und der Organisation von Hamsterkäufen zur künstlichen Verknappung von Waren des täglichen Bedarfs. Die genannten Medien hatten stets ihr auftragsgemäßes Ziel im Blick, den gewaltsamen Sturz des DDR-Staates durch die so von ihnen beeinflussten unzufriedenen DDR-Bürger. Die durch psychologische Kriegsführung, politischen Boykott, wirtschaftliches Embargo und organisierte Sabotageakte in volkseigenen Betrieben erreichte politische und ökonomische Schwächung der Deutschen Demokratischen Republik, fand dann wiederum ihren festen Platz in den Hasssendungen des »RIAS«, »SFB«, »Radio Free Europe« und »Radio Liberty«.
Die negativen Auswirkungen dieser aggressiven

Störpolitik auf das Leben der Menschen in der DDR nahmen die politischen Auftraggeber billigend in Kauf und gleichzeitig wiederum als »Beweis« für die Unfähigkeit des Sozialstaates DDR effektiv zu existieren. So passten die von den westlichen Revanchisten aktiv geförderten Unruhen rund um den 17. Juni 1953 in der DDR gut in deren Konzept. Daraus kreierten diese einen sogenannten »Volksaufstand« in der DDR. Aus ihrem konterrevolutionären Plan wurde damals nichts, – aber die »alte« Bundesrepublik feierte seit 1954, ihrer politischen Zielsetzung folgend, trotzig, den 17. Juni als »Tag der Deutschen Einheit«. Als äußerst makabren Nationalfeiertag der Bundesrepublik Deutschland. Zeitzeuge und Beobachter dieser Ereignisse am 16./17. Juni in Berlin war Bertolt Brecht. In einem Brief vom 1. Juli 1953 an seinen Verleger Peter Suhrkamp ist die konterrevolutionäre Zielrichtung der damaligen Ereignisse dokumentiert. [89]
Der 17. Juni 1953 war der organisierte westdeutsche Versuch, unter Nutzung der subversiv erzeugten Unzufriedenheit bei den Arbeitern und Bauern die Konterrevolution in die DDR zu tragen. Diese permanenten Aktivitäten vonseiten des westlichen deutschen Nachbarn wirkten sich konstant negativ auf die Entwicklung der DDR aus. Leidtragende der Auswirkungen dieser Konfrontationspolitik waren stets die von Adenauer in konträrer Weise kontinuierlich umworbenen »Brüder und Schwestern« in der »Zone«, also der DDR. Der »Kalte Krieg« zwischen den politischen Gegnern in Europa, insbesondere die »Rollback« – Ziele der Revanchisten bezüglich der DDR und der UdSSR hatten eine strikte

Abschottung der Grenzen zwischen beiden deutschen Staaten zur Folge. Die Aggressivität der westdeutschen Politik im Bündnis mit ihren US-Richtungsanzeigern gegenüber dem ungeliebten Nachbarn im Osten setzte sich nach der zur Sabotageabwehr notwendigen Sicherung der Staatsgrenze durch die DDR am 13. August 1961 verschärft fort. Führende Politiker, allen voran der altgediente CDU-Kanzler Konrad Adenauer, brachten jetzt die Konfrontation zur »Weißglut«. Gleichzeitig standen die zahlreichen verlogen-symbolischen und servil-weinerlichen »Umarmungen« der DDR-Bürger durch Adenauer, der praktizierten bundesdeutschen Konfrontations- und Schädigungspraxis gegenüber der DDR und ihren Bürgern konträr entgegen. Bundeskanzler Adenauer verkündete in einer seiner derartigen Reden am 17. Juni 1962, dem kreierten »Tag der Deutschen Einheit«: »Wir wollen heute die der Freiheit Beraubten, die Deutschen in der Zone (sprich der DDR) auffordern, ihrem Sehnen nach Freiheit treu zu bleiben, treu zu bleiben ihrem Sehnen nach der Wiedervereinigung mit uns«. [90] Ein solches bei den DDR-Bürgern angemahntes »Sehnen nach der Wiedervereinigung« war bei Adenauer selbst und seiner Gleichen in der politischen Praxis zu keinem Zeitpunkt praktisch erkennbar. Schließlich war es ja Adenauer selbst, wie im Punkt vier »US-Geheimplan – Spaltung« dokumentiert, der als serviler Erfüllungsgehilfe der USA die Spaltung Deutschlands als Meilenstein zur Sicherung der deutschen Kapitalherrschaft am 24. Mai 1949 durch sein Handeln direkt herbeiführte. Auch der damalige regierende SPD-Bürgermeister von Westberlin und spätere SPD-Bundeskanzler, Willy Brandt, rief an jenem 17. Juni 1962 zur offenen Gewalt gegen die Grenze der DDR auf. Er verkündete seinen Zuhörern: »Und noch eines: Eher würde ich nicht mehr Bürgermeister sein wollen als Anweisungen zu geben, die die Mauer als etwas Rechtmäßiges respektieren. Wir wissen uns zu beherrschen. [...] Jeder unserer Polizeibeamten und jeder Berliner soll wissen, dass er den Regierenden Bürgermeister hinter sich hat, wenn er seine Pflicht tut, indem er von seinem Recht auf Notwehr Gebrauch macht. [...] Man sollte [...] (die DDR) liquidieren – je eher, desto besser.« [91] Es ist mit Sicherheit anzunehmen, dass Willy Brandt damals schon klar gewesen sein wird, was er tat. Es handelte sich bei den von ihm attackierten Grenzanlagen nicht nur um die Scheidelinie zur DDR, sondern um eine Barriere zwischen den hochgerüsteten Militärblöcken des »Nordatlantikpaktes« und des »Warschauer Vertrages«. Auf den Wogen solcher verbalen Gewaltorgien wandelten beide deutsche Staaten und damit auch die Völker Europas und des gesamten Erdballs immer wieder am Rande eines Dritten Weltkrieges.

Vor allem der von Konrad Adenauer propagierte BRD-Alleinvertretungsanspruch für alle Deutschen trieb kuriose Blüten. Am 24. November 1961 wurde diese westdeutsche Anmaßung zum Gesetz erhoben. Die »Zentrale Beweismittel- und Dokumentationsstelle der Landesjustizverwaltungen« in Salzgitter nahm daraufhin ihre Arbeit auf. Deren Aufgabe, die Registrierung angeblicher staatlicher Verbrechen in der DDR und deren Täter. Obwohl dieses

Vorgehen sich genau so anfühlte, es war kein Treppenwitz der westlichen Konfrontationsstrategen.

22. Sitzung der Volkskammer der DDR

Zur Begründung des Gesetzentwurfs zum Schutze der Staatsbürger- und Menschenrechte der Bürger der Deutschen Demokratischen Republik

Rede des Vorsitzenden des Ministerrates, Willi Stoph

Unzulässige Einmischung in die DDR-Angelegenheiten

Tausende DDR-Bürger widerrechtlich verfolgt

Geheimbestimmungen zu verstärkter Diskriminierung

Durch Regierungsverhandlungen zu normalen Beziehungen

Frieden und Sicherheit gebieten DDR-Anerkennung

Tageszeitung »Neues Deutschland« der DDR vom 14. Oktober 1966, Seite 5.

Fünf Jahre später, am 23. Juni 1966, beschloss der »Deutsche Bundestag« das »Gesetz über befristete Freistellung von der deutschen Gerichtsbarkeit« von DDR-Bürgern – das »Handschellengesetz«. Alle DDR-Bürger unterstellte man damit der BRD-Justiz. Am 13. Oktober 1966 befasste sich die 22. Sitzung der »Volkskammer der DDR« ⇧mit dieser »Blüte« der Konfrontationspolitik Westdeutschlands. Der Vorsitzenden des Ministerrates der DDR, Willi Stoph, nahm in seiner Rede Stellung zu den Praktiken des Alleinvertretungsanspruchs und des »Handschellengesetzes« der BRD: »Im Verlauf der letzten Jahre nahm die widerrechtliche Verfolgung durch Polizei- und Justizorgane gegen DDR-Bürger in Westdeutschland ein außerordentlich hohes Ausmaß an. So wurden von Januar 1958 bis Juni 1966 in Westdeutschland auf Grund gesinnungsstrafrechtlicher Bestimmungen über 3225 DDR-Bürger vielfältig diskriminiert bzw. mit oder ohne Gerichtsurteil bis zu dreieinhalb Jahren der Freiheit beraubt und eingekerkert. Allein bei 490 DDR-Bürgern, die im Bonner Staat länger als 24 Stunden inhaftiert waren und unsererseits registriert werden konnten, beträgt die Gesamtdauer des widerrechtlichen Freiheitsentzuges 1595 Monate = 133 Jahre. [...]
Die von diesem Unrecht Betroffenen sind angesehene Bürger unserer Republik, die ihre verfassungsmäßigen Rechte ausübten. Es handelt sich um demokratisch gewählte Funktionäre und Mitglieder von Volksvertretungen, Parteien, Gewerkschafts-, Sport-, Jugend- und kommunalen Organisationen. Es sind Arbeiter, Angestellte, Lehrer, Bauern, Studenten, Wissenschaftler und Künstler. Sie begingen

keinerlei Verbrechen. [...] Keiner von ihnen hat sich irgendwelcher Verstöße gegen das Bonner Grundgesetz schuldig gemacht, dessen Geltungsbereich sich bekanntlich nur auf das Territorium Westdeutschlands erstreckt. [...] Das sind eindeutige Verstöße gegen die Normen des Völkerrechts. Sie stellen eine unerhörte Anmaßung des Bonner Regimes dar [...].« Am 15. Mai 1970 hoben die Bonner Strategen ihr »Handschellengesetz« wieder auf.

❖

Im Jahre 1990, vierundzwanzig Jahre nach der Rede des Vorsitzenden des Ministerrates vor der Volkskammer der DDR, waren die kalten Krieger des Westens an ihrem Ziel, der »erfolgreichen« Konterrevolution und der Einverleibung der DDR in die BRD angekommen. Dieser konterrevolutionäre Prozess wird im folgenden Punkt elf, »Gorbatschow – das ›Trojanische Pferd‹und ›die Büchse der Pandora‹« analysiert, dokumentiert und aufgearbeitet. Die Praktiken des anmaßenden Alleinvertretungsanspruchs und des »Handschellengesetzes« der BRD erlebten in jenem Jahr ihr Comeback. Zu erkennen in dem nunmehr folgenden Rachefeldzug gegen die ehemaligen Repräsentanten des politischen Systems der sozialistischen DDR durch die vom Kapital gesteuerte CDU-Kohl-Regierung und die BRD-Justiz. Die Worte des Vorsitzenden des DDR-Ministerrates Willi Stoph aus dem Jahre 1966 bestätigten sich in jenem Jahr nachdrücklich: »Sie stellen eine unerhörte Anmaßung des Bonner Regimes dar.«
Am 28. Januar 1990 wurde der ehemalige Partei-

chef der SED und Vorsitzende des DDR-Staatsrates, Erich Honecker, in seinem Krankenzimmer der Charité in Berlin festgenommen und am Tag darauf in das Haftkrankenhaus des Gefängnisses Berlin Rummelsburg eingeliefert. Am darauffolgenden Tag entließ man Honecker wegen Haftunfähigkeit. Das ehemalige Zentralorgan der SED, »Neues Deutschland«, titelte am 30. Januar 1990: »Erich Honecker von Charité direkt in U-Haftanstalt«. Im April 1990 wurde das Ehepaar Honecker im sowjetischen Militärhospital Beelitz aufgenommen. Am 13. März 1991 flog man dieses in einer sowjetischen Militärmaschine von Beelitz nach Moskau.

Erich Honecker verläßt, begleitet von seiner Frau Margot sowie Mitarbeitern der Staatsanwaltschaft und der Kriminalpolizei, die Charité Foto: ZB/Reiche

»Neues Deutschland« vom 30. Januar 1990

Der Rechtsbeistand Honeckers, Friedrich Wolff*, resümierte fünfundzwanzig Jahre später, am 29. Juli 2017, in einem Interview mit der »Jungen Welt«: »Am 29. Juli 1992, lieferte Russland Erich Honecker an die BRD aus. Obgleich todkrank, wurde gegen den 80-jährigen prozessiert. Nach 169 Tagen Untersuchungshaft, als die zynische Quälerei weltweit für Empörung sorgte, wurde der Haftbefehl außer Vollzug gesetzt. Honecker konnte zur Familie nach Chile ausreisen, wo er im Mai 1994 verstarb [...] Der Antifaschist Honecker, von Nazijuristen vom Schlage Globkes einst zu zehn Jahren Zuchthaus verurteilt, kam 1992 in dasselbe Gefängnis in Moabit, in das ihn 1935 die Gestapo eingeliefert hatte. Das Verfahren, das schließlich am 12. November 1992 begann, war eine Farce. Es war insofern eine Farce, als Honecker aus medizinischer Sicht nicht verhandlungsfähig und überdies seine mediale Vorverurteilung schon längst erfolgt war. In erster Linie jedoch war es ein Politikum. Es ging ihnen um Rache, nicht um Gerechtigkeit. Dazu gab es den unverschämten und die wirklichen Hintergründe verschleiernden Hinweis, die deutsche Justiz wolle die bei der ›Aufarbeitung‹ des Dritten Reiches begangenen Versäumnisse und Fehler nicht wiederholen. Deshalb sollte nunmehr mit der DDR-Vergangenheit besonders gründlich und konsequent abgerechnet werden. Die Nachfahren jener Juristen, die

*»Friedrich Wolff, geboren am 30. Juli 1922 in Berlin-Neukölln als Sohn eines jüdischen Arztes, ist Kommunist und Rechtsanwalt. Wolff war über 20 Jahre Vorsitzender des Berliner Rechtsanwaltskollegiums der DDR und in dieser Funktion Leiter des Rates der Kollegien der Rechtsanwälte der DDR.«

schon einmal über Honecker zu Gericht gesessen hatten und ergo Klassenbrüder im Geiste waren, besaßen weder das moralische noch das juristische Recht, über Honecker und seinesgleichen zu urteilen. Denn auf welcher Basis? Mit dem Recht der BRD, das bis 1989 für Honecker nicht galt? Mit dem Recht der DDR, das inzwischen mit dem Land verschwunden war? Und worüber sollte befunden werden? Dass Honecker seinen Staat gegen die Wand gefahren hatte? Diesen hatte die BRD doch von seiner Gründung an selbst entschlossen bekämpft. Nein, sie machten kein Hehl daraus, dass es primär um eine Abrechnung mit dem politischen System ging, deren Repräsentant Honecker gewesen ist. Die eigentliche Geschichtslüge bestand jedoch darin, dass mit dem Verweis auf ungenügende Vergangenheitsaufarbeitung in der BRD die verbrecherische Nazidiktatur, welche den Zweiten Weltkrieg vom Zaun gebrochen und systematisch ganze Ethnien ausgerottet hatte, quasi mit der DDR gleichgesetzt wurde. Sie wollten beweisen, dass das Honecker-Reich wie das Hitler-Reich Leichenberge geschaffen hatte. Deshalb lautete die Anklage gegen Honecker auch ›mehrfacher Totschlag‹«. [92] Diese politische und juristische Anmaßung des BRD-Staates, der vollzogene Rechtsbruch traf neben Erich Honecker auch weitere ehemalige Führungspersönlichkeiten der DDR.
Als der Armeegeneral a. D. der DDR Heinz Keßler am 2. Mai 2017 im Alter von 97 Jahren verstarb, hielt Egon Krenz, der letzte Staatsratsvorsitzende der DDR und Generalsekretär des ZK der SED, am 7. Juni 2017 für diesen eine Gedenkrede. Er beton-

te: »Mit dem 3. Oktober 1990 erklärten die Regierenden der Bundesrepublik Deutschland ihn [...] zu einem Kriminellen. Allein 800 Tage steckten sie den bereits über siebzigjährigen Antifaschisten in Moabit in Untersuchungshaft. [...] Als ich ihm das erste Mal meine Empörung darüber mitteilte, fragte er mich: ›Hast Du von denen denn etwas anderes erwartet? Kennst Du nicht das ›Lied vom Klassenfeind‹ von Bert Brecht?‹[...] Die Verurteilung von Heinz Keßler zu siebeneinhalb Jahren Gefängnis, seines Freundes Fritz Streletz und ihrer Weggefährten war ein Rechtsbruch ersten Ranges.« [93]

11. Gorbatschow – das »Trojanische Pferd« und »die Büchse der Pandora«

Am 11. März 1985 wurde Michail Gorbatschow in der UdSSR zum neuen Generalsekretär des Zentralkomitees der KPdSU gewählt. Bereits ein Jahr danach verkündete dieser seine Losung von »Glasnost und Perestroika«, von »Offenheit und Umgestaltung«. Weitere vier Jahre später, am 14. März 1990, erhoben die Volksdeputierten der UdSSR auf einem Sonderkongress Michail Gorbatschow mit nur 59,2 Prozent der Stimmen zum Staatspräsidenten der Sowjetunion. Er übte dieses Amt bis Dezember 1991 aus. Nicht nur in der DDR waren viele Menschen von Gorbatschows Worten »Offenheit und Umgestaltung« angetan, obwohl keiner genau wusste, was und mit welchem Ziel sollte umgestaltet werden! Eine geflügelte Redewendung in jener Zeit lautete: »Wir wissen zwar nicht, was wir wollen, aber das mit ganzer Kraft«. Genau diesen Eindruck hatten die Menschen in ihrer Wahrnehmung auch von den damaligen Ereignissen in der UdSSR, eben von »Glasnost und Perestroika«. Drei Jahre später, am 15. Juli 1988, notierte ich im Tagebuch: »Insgesamt spielt sich um die DDR einiges ab. Unruhen in der UdSSR, in Ungarn, Polen, Rumänien. Die Frage steht, wohin geht die Reise? Wer beherrscht die proklamierte ›Umgestaltung‹? Wo stehen Freund und Feind?« [94]

Welche Rolle spielte der damalige Generalsekretär des ZK der KPdSU, Michail Gorbatschow, mit seiner Losung von »Offenheit und Umgestaltung«? Wie wir heute wissen, zelebrierte Michail Gorbatschow auf »beispielhafte« Art und Weise den von mir sogenannten »Wendehalsopportunismus«. Im Ergebnis seines Wirkens präsentierte sich Gorbatschow als Parteichef der KPdSU und ab 1990 als oberster staatlicher Repräsentant der UdSSR mit der Parole »Glasnost und Perestroika« als schnöder Verräter seines Landes und der Verbündeten. Er wurde zum entscheidenden Glied in der Kette des durch die »kalten Krieger« im Westen geplanten »Regimechange« – der Konterrevolution. Das Erscheinungsbild des Generalsekretärs glich rückblickend dem eines »Trojanischen Pferdes« des von den USA geführten westlichen Bündnisses. Sein Handeln führte zur Konterrevolution in der UdSSR, der DDR und der gesamten sozialistischen Staatengemeinschaft. Gorbatschow wurde zum Schlüssel für die Umsetzung der am 12. März 1947 aus der Taufe gehobenen »Truman-Doktrin« und damit für die konterrevolutionären Ambitionen der Weststrategen. Der seit 1945 permanent erträumte »Regimchange«, die Zurückdrängung und Vernichtung der

vermeintlichen »kommunistischen fünften Kolonnen« zur Sicherung der »Vereinigten Staaten [...] an der Spitze der Weltmacht« wurde damit unverhoffte temporäre Realität.
Mit dem Slogan »Glasnost und Perestroika« kaschierte Gorbatschow von Anbeginn seinen konterrevolutionären Plan. Seine Marschrichtung hieß Sozialdemokratie und damit zwangsläufig zurück zum Kapitalismus. Infolge der praktizierten Politik von »Offenheit und Umgestaltung« durch Gorbatschow sank von 1986 bis 1991 das Bruttoinlandsprodukt (BIP) in der UdSSR um etwa siebzehn Prozent. Gleichzeitig stiegen 1991 die Verbraucherpreise in diesem Lande im Vergleich zum Jahr 1990 um 140 Prozent.
»Nach fünf Jahren ›Umbau‹-Politik des sowjetischen Generalsekretärs Michail Gorbatschow, befand sich die UdSSR 1990 in einer verzweifelten wirtschaftlichen Lage. Schon 1989 hatte das Politbüro anerkennen müssen, dass von den 1.200 Konsumgütern, die in den statistischen Warenkorb von ›Iwan Normalverbraucher‹ eingingen, 1.000 im staatlichen Einzelhandel nicht mehr angeboten wurden. Das sowjetische Fernsehen rief die Leute auf, Leergut von ihren Datschen in die Stadt zurückzubringen und abzugeben, weil sonst keine Getränke mehr abgefüllt werden könnten. Sogar in Moskau wurde das Brot knapp. [...]
Die ›Perestroika‹, 1985 eingeleitet als Programm zur ›Beschleunigung‹ der wirtschaftlichen Entwicklung der Sowjetunion, war unübersehbar gescheitert. Die als Start einer Investitionsoffensive in Gang gesetzten Vorhaben wurden reihenweise nicht

fertiggestellt: Zwischen 1986 und 1988 wurde der Bau von 24.600 Industrieobjekten abgebrochen, gleichzeitig wurden aber 146.000 neue Investitionen gestartet. Die 19. Parteikonferenz im Sommer 1988, die eine Bilanz der ersten dreieinhalb Jahre des neuen Kurses ziehen sollte, verlief nach dem Urteil des damaligen Ministerpräsidenten Nikolai Ryschkow in einer gereizten und ›masochistischen‹ Atmosphäre. Politisch gesagt: Die KPdSU wusste nicht mehr weiter.« [95]
Noch am 9. Dezember 1989 beteuerte Generalsekretär Michail Gorbatschow in seiner Rede vor dem Zentralkomitee der KPdSU scheinheilig: »Wir erklären mit aller Entschiedenheit, dass wir die DDR nicht im Stich lassen werden. Sie ist unser strategischer Verbündeter und Mitglied des Warschauer Vertrages«. Dabei waren seine konterrevolutionären Karten zu diesem Zeitpunkt längst gemischt. Deshalb ließ derselbe Mann, der seit Langem mit westlichen Führern hinter dem Rücken der DDR-Regierung verhandelte, wenige Wochen später den bisherigen »Bündnispartner« DDR fallen. Der letzte DDR-Botschafter in Moskau, Gerd König, »wusste schon Ende des Jahres 1989, dass Gorbatschows Sorge, wie es mit der DDR weitergehe, geheuchelt war, war doch in Wirklichkeit der Vereinigungsprozess ›bereits im vollen Gange und die Vereinigung faktisch entschieden‹.
Obwohl König Modrow warnte, erkannte der DDR-Regierungschef Gorbatschows Verrat nicht, weil er, wie er in seinem Buch ›Aufbruch und Ende‹ (Hamburg 1991) schwärmte, mit ihm ›ein herzliches persönliches, aber auch ein konstruktives Arbeitskli-

ma‹ unterhielt und er für ihn ein Mensch war, ›der wirklich in großen Maßstäben denkt, der ein sehr komplexes Denken hat‹. Von Fidel Castros bereits im Juli 1988 geäußerter Meinung, die Perestroika sei ›gefährlich‹ und den ›Prinzipien des Sozialismus entgegengesetzt‹, hatte er offenbar nichts gehört.« [96]

Michail Gorbatschow traf am 9. Februar 1990 James Baker, den damaligen Außenminister unter US-Präsident George Bush. Hier ein Auszug aus dem Wortprotokoll: »In Bezug auf die deutsche Wiedervereinigung versichert Baker Gorbatschow, dass ›weder der Präsident noch ich beabsichtigen, irgendwelche einseitigen Vorteile aus den stattfindenden Prozessen zu ziehen‹, und dass die Amerikaner verstehen, wie wichtig es für die UdSSR und Europa ist, Garantien zu erhalten, dass ›sich kein Zentimeter der gegenwärtigen militärischen Gerichtsbarkeit der NATO in östlicher Richtung ausdehnen wird‹. Baker plädiert für die Zwei-plus-Vier -Gespräche mit der gleichen Zusicherung: ›Wir glauben, dass Konsultationen und Diskussionen im Rahmen des 'Zwei+ Vier'-Mechanismus garantieren sollten, dass die deutsche Einigung nicht dazu führt, dass sich die militärische Organisation der NATO nach Osten ausbreitet.‹ Gorbatschow antwortet, indem er den polnischen Präsidenten Wojciech Jaruzelski zitiert: ›dass die Präsenz amerikanischer und sowjetischer Truppen in Europa ein Element der Stabilität ist.‹

Der Schlüsselaustausch findet statt, als Baker fragt, ob Gorbatschow ›ein vereintes Deutschland außerhalb der NATO, absolut unabhängig und ohne amerikanische Truppen; oder ein vereintes Deutschland, das seine Verbindungen zur NATO aufrechterhält, aber mit der Garantie, dass sich die Gerichtsbarkeit oder die Truppen der NATO nicht über die gegenwärtige Grenze hinaus ausbreiten werden.‹ So versichert der US-Außenminister in diesem Gespräch dreimal, dass sich die NATO nicht nach Osten ausdehnen würde, wenn Deutschland sich in der NATO vereinigen und die US-Präsenz in Europa aufrechterhalten würde. Interessanterweise verwendet er nicht ein einziges Mal den Begriff DDR oder Ostdeutschland oder erwähnt auch nur die sowjetischen Truppen in Ostdeutschland. Für einen geschickten Verhandlungsführer und sorgfältigen Anwalt scheint es sehr unwahrscheinlich, dass Baker keine spezifische Terminologie verwenden würde, wenn er sich tatsächlich nur auf Ostdeutschland bezog. Der sowjetische Führer antwortet: ›Wir werden alles überdenken. All diese Fragen wollen wir auf Führungsebene intensiv diskutieren. Es versteht sich von selbst, dass eine Erweiterung der Nato-Zone nicht akzeptabel ist.‹ Baker beteuert: ›Dem stimmen wir zu‹«. [97]

Am 18. März 1990 fanden in der DDR vorgezogene Volkskammerwahlen statt. Daraus ging unter massiver politischer und finanzieller Einflussnahme der West-CDU eine gewendete, konterrevolutionäre, CDU-dominierte Volkskammer hervor. Diese Entmachtung des sozialistischen Staates DDR war eine entscheidende Voraussetzung für Gorbatschows weitere Handlungen. Auf diesem Fundament unterzeichnete Gorbatschow am 12. September 1990 in Moskau den »Zwei-plus-vier-Vertrag«. Der trat am

15. März 1991 in Kraft. Gorbatschow veranlasste auf Grundlage des unterzeichneten Vertrages bereits 1990 den Beginn des Abzuges der sowjetischen Truppen aus der DDR und Osteuropas. Er »vertraute« offensichtlich den mündlichen Zusagen von Hans-Dietrich Genscher, damals Vizekanzler der Bundesrepublik Deutschland, und dem oben zitierten Außenminister der USA, James Baker. Deren Versprechen, dass die Staaten des ehemaligen sozialistischen Militärpaktes nicht in die NATO einbezogen werden, es also keine NATO-Osterweiterung geben wird, löste sich bereits wenig später in Luft auf. Die opportunistischen, auf Gorbatschows Pfaden wandelnden Putschisten in der DDR übernahmen im November 1989 unter Gregor Gysi die Parteiführung der »Sozialistischen Einheitspartei Deutschlands« (SED). Mit der Wandlung der SED in die »Partei des demokratischen Sozialismus« (PDS) kreierte Gysi in Ostdeutschland eine sozialdemokratische Partei. Gorbatschows Parolen wurden zu seiner direkten Handlungsanleitung. »Erste Zweifel kamen auf, als bekannt wurde, dass Gregor Gysi sich im Januar 1990 in Rom mit Achille Occhetto, dem letzten PCI-Generalsekretär getroffen hatte, um Erfahrungen bei der Umwandlung der Partei (unter der Losung ›Heimkehr zur Sozialdemokratie‹) in eine sozialdemokratische Linkspartei PDS (Partito Democratico della Sinistra) zu studieren.[1] Er war auch mit dem Chef der Sozialisten, Bettino Craxi, zusammengetroffen, der schon zu dieser Zeit unter Korruptionsverdacht stand.[2] Der Hintergrund war, wie dann auch durchsickerte, dass Gysi sich mit dem Gedanken trug, das italienische Modell

aufzugreifen, also nach einer Vereinigung von PDS und SPD zu trachten. Aber während die CDU der BRD, wie auch die Liberalen ohne Bedenken ihre ostdeutschen Schwesterparteien vereinnahmten, fehlte der SPD dazu der strategische Weitblick, mehr wohl noch der Mut. Im Zuge der angestrebten Vereinigung versuchte Gysi dann, die Deutsche Kommunistische Partei auszuschalten. Die Kommunisten sollten sich auflösen, und ihre Mitglieder sollten einzeln der PDS beitreten. [...] Am 10. Januar 1989 berichtete die *FAZ*, dass in Bonn CIA-General Vernon Walters als Botschafter das Kommando übernahm, um ›die letzte Ölung zu geben, kurz bevor der Patient stirbt‹. Der Patient war die DDR, gegen die der Hauptstoß geführt wurde, um, so Walters, ›dem sowjetischen Sicherheitssystem das Herz herauszureißen‹. Zu Walters Unterstützung hatte US-Präsident Georg Bush *sen.* eine ›European Strategy Steering Group‹ unter Leitung von Vizesicherheitschef Robert Gates gebildet, die in Bonn durchsetzte, der DDR ›jede wirtschaftliche Unterstützung zu verweigern, bis tiefgreifende politische Reformen eingeleitet‹ seien. Als am 9. November 1989 die chaotische Grenzöffnung nach Westberlin erfolgte, war Walters, wie einem Bericht des International Herald Tribune vom nächsten Tag zu entnehmen ist, bereits vor Ort und beobachtete von einem Hubschrauber aus das für die weitere Entwicklung entscheidende Ereignis des Mauerfalls, dem ›Moskau ruhig zugeschaut‹ habe.« [98]
Gorbatschow selbst erläuterte rund zehn Jahre später, 1999, seinen vollzogenen Jahrhundert-Verrat mit folgender unglaublicher Offenbarung: »Das Ziel

meines ganzen Lebens war die Vernichtung des Kommunismus, dieser unerträglichen Diktatur gegen die Menschen. Von meiner Frau, die diese Notwendigkeit sogar noch eher als ich erkannte, wurde ich dabei voll und ganz unterstützt. Gerade um dieses Ziel zu erreichen, nutzte ich meine Stellung in der Partei und im Lande. Eben zu diesem Zweck drängte mich meine Frau die ganze Zeit dazu, immer höhere Positionen im Lande einzunehmen. Als ich mich persönlich mit dem Westen bekannt gemacht hatte, verstand ich, daß ich von dem gestellten Ziel nicht ablassen durfte. Um dieses zu erreichen, mußte ich die ganze Führung der KPdSU und der UdSSR ersetzen und ebenso die Führung in allen sozialistischen Ländern. Mein Ideal war in jener Zeit der Weg der sozialdemokratischen Länder«. [99] Ganz in diesem Sinne stellte Gorbatschow noch als Generalsekretär der KPdSU, welcher er bis zu seinem Rücktritt am 25. Dezember 1991 war, beim damaligen deutschen Präsidenten der »Sozialdemokratischen Internationale« (SI), Willy Brandt, einen Aufnahmeantrag für »seine« Partei in dieser Organisation. Mit dem schamlosen Verrat im Amt, an seiner Partei, seinem Volk, dem Marxismus und an Lenin, dem Verrat an den verbündeten Staaten und mit seiner Mutation zum Sozialdemokraten wurde Gorbatschow zu einem der größten, wenn nicht gar zum größten und einflussreichsten Kollaborateur und »Wendehalsopportunisten« der jüngeren Weltgeschichte. Gorbatschows persönliche Offenbarung zeigt dem marxistischen Betrachter dessen erschreckend verworrenes Bild über den Sozialismus, den er ja eigentlich selbst verantwortlich gestalten sollte. Zutage trat sein theoretisches und praktisches Unvermögen in führender Position, marxistische wissenschaftliche Erkenntnisse gemeinsam mit

Foto: https://www.welt.de/politik/deutschland/article4440579/Kohl-feiert-Mauerfall-mit-Gorbatschow-und-Bush.html. Bildunterschrift: »Diese drei Herren haben sich schon unzählige Male getroffen, im Oktober soll es wieder soweit sein: Der ehemalige Bundeskanzler Helmut Kohl (v. l.), Ex-Präsident der Sowjetunion Michail Gorbatschow und sein früherer US-Amtskollege George Bush bei einer Veranstaltung im Juni 2005. Quelle: dpa«

dem sowjetischen Volk in ein sozial gerechtes, demokratisch organisiertes und effektives sozialistisches Gesellschaftsmodell ergebniswirksam umzusetzen. Gorbatschows öffentlich gewordene Abtrünnigkeit verblüffte nicht nur seine bis dahin Verbündeten, sondern vor allem auch die damaligen einstigen politischen Gegner der UdSSR im Westen. Mit seinem praktischen Handeln gab Gorbatschow den Vertretern des »Regimechange« im Westen nicht eine, sondern die alles entscheidende Steilvorlage.
Es entbehrt nicht einer gewissen Ironie, dass ausgerechnet das »Drängen« von Gorbatschows Ehefrau den bis dahin mächtigsten Mann der Sowjetunion zu seiner vollzogenen politischen Mutation und zum Verrat brachte. Erstaunlich neu schien Gorbatschow auch die grundlegende marxistische Lehre zu sein, die da lautet: Sozialismus ohne Demokratie ist kein Sozialismus. Demokratie ist praktisch das Synonym für Sozialismus. Die Zerschlagung der Sowjetunion, der DDR, der sozialistischen Staatengemeinschaft und der vollzogene »Regimechange« im Jahre 1990 gehen direkt auf das persönliche Konto Gorbatschows. Dieser nahm damit offensichtlich bewusst die historische Rolle des »Trojanischen Pferdes« für die bürgerlich-kapitalistische Welt im sozialistischen Machtbereich ein. Verständlicherweise erntete Gorbatschow dafür Lobeshymnen von seinen auf den Plan tretenden westlichen Gönnern, den westeuropäischen Parteien und Regierungen und sonstigen politischen Claqueuren. Vor allem aber von den führenden Vertretern der deutschen Sozialdemokratie. Gorbatschow wurde für seine »heroische« Tat von diesen gefeiert wie ein Popstar.

Er wurde hofiert und mit Orden behängt.
»Junge Welt« schrieb 2020: »Vor Springers Zentrale steht von ihm eine überlebensgroße Büste im Ensemble mit George Bush und Helmut Kohl. Nun kommt eine Statue hinzu, die am 3. Oktober (2020) – wann schließlich sonst? – vor dem Rathaus in Dessau enthüllt werden soll. Dieser Staat verdankt Gorbatschows historischem Verrat zum Leidwesen der restlichen Welt eine ganze Menge. Der Mann, der mit seiner Perestroika [...] eine Weltmacht zuschanden ritt, um der anderen für einen historischen Zeitraum von 30 Jahren zu gestatten, an praktisch jedem Fleck des Planeten mit seinem Militär einzumarschieren, der Mann, der im Februar 1990 an einem Baumstumpf im Kaukasus sitzend die DDR an Kohl und Genscher verscherbelte, wird hierzulande folgerichtig als ›Jahrhundertpolitiker‹ vorgestellt. Solchen Leuten stiftet man Denkmäler. So ein Ding allerdings stünde in Gorbatschows Heimatland vermutlich keine zwei Stunden.« [100]
Der Verlauf der konterrevolutionären Ereignisse 1989/90 machte drastisch deutlich, dass es auch um die staatliche Souveränität der DDR nicht gut bestellt war. Total abhängig von den Rohstofflieferungen der UdSSR, vor allem von Erdöl und Gas, von deren politischen Entscheidungen und militärischen Stärke nahm sie von Anbeginn einen Platz als Satellitenstaat der UdSSR ein. [101] In der DDR galt 40 Jahre lang die Losung »Von der Sowjetunion lernen heißt Siegen lernen«. Solange sich die UdSSR auf klarem sozialistischen Kurs befand und politische Interessenübereinstimmung zwischen der UdSSR und der DDR herrschte, war das kein Pro-

blem. Mit Gorbatschows Verrat und der damit verbundenen Veränderung der politischen und ökonomischen Landschaft in der UdSSR offenbarte sich auf drastische Art und Weise der Vasallenstatus der DDR. Das konterrevolutionäre Wirken des Generalsekretärs der KPdSU, seine selbstherrlichen Entscheidungen über das Wohl und Wehe der Existenz der DDR und seiner Bürger belegen das sehr anschaulich.

❖

Die dramatischen sozialen Folgen des konterrevolutionären Agierens Michail Gorbatschows zeigten sich 1990 in der DDR unmittelbar.
Am 17. Juni 1990 beschloss die Volkskammer der Noch-DDR unter Federführung der Bonner CDU-Kohl-Regierung das »Gesetz zur Privatisierung und Reorganisation des volkseigenen Vermögens«, das »Treuhandgesetz«. Dieses trat am 1. Juli 1990 in Kraft. Der gebildeten Treuhandgesellschaft wurden etwa 8 500 DDR-Betriebe, 25 000 Einzelhandelsgeschäfte, 7 500 Gaststätten und Hotels und 1,7 Millionen Hektar Land unterstellt. Die sogenannte »Treuhand« trug damit auch die Verantwortung für über vier Millionen Arbeiter und Angestellte.
Wie bereits im Jahre 1949 glich Ostdeutschland nach seiner Einverleibung in die BRD einem Torso. Deindustrialisierung, Vernichtung des Volkseigentums und der gleichzeitig stattfindende»Beutezug OST« bildeten dafür die Basis. Massenarbeitslosigkeit und die entschädigungslose Enteignung der DDR-Bürger von ihrem erarbeiteten Volkseigentum an den Produktionsbetrieben und am Grund und

Boden hinterließen bei den ehemaligen DDR-Bürgern eine gravierende soziale Verelendung. Zur Begründung des Enteignungsverbrechens an den Ostdeutschen wurde von den Bonner Strategen bewusst und offensichtlich wider besseres Wissen nicht von dem in der sozialistischen Deutschen Demokratischen Republik bis 1990 herrschenden Volkseigentum an den Produktionsmitteln und am Grund und Boden, sondern von einem angeblichen Staatseigentum gesprochen.
Die neuen, alten politischen Machthaber des herrschenden Kapitals formulierten in ihrer 1990 den Osten überschwemmenden Propagandaschrift »Neue Freiheit« wider besseres Wissen: »Bis jetzt gehört in der DDR das meiste dem Staat«. Mit dieser gewählten Formulierung bereitete die kapitalgesteuerte Kohl-Regierung den geistigen Boden für die zügig anlaufende kriminelle entschädigungslose Enteignung des DDR-Volkes von seinem Volkseigentum, den gezielten Vernichtungsfeldzug gegen die sozialistischen Grundlagen vor. Der »Beutezug Ost« [102] nahm Fahrt auf. Die den Noch-DDR-Bürgern zu vermittelnde indoktrinierende Botschaft lautete: Nicht das Volk der DDR wird von seinem Eigentum expropriiert, sondern halb so schlimm, nur der DDR-Staat. »Ruhigstellung« und soziale »Einschläferung« der DDR-Bürger waren das erklärte Ziel. Zwischen dem Volkseigentum in der DDR und dem bürgerlichen Staatseigentum in der kapitalistischen BRD gab es jedoch keinerlei Gemeinsamkeiten. Staatseigentum und Volkseigentum sind zwei grundsätzlich konträre Kategorien. In der Deutschen Demokratischen Republik kamen

die Erträge (Gewinne) aus dem Volkseigentum an den Produktionsmitteln und am Grund und Boden seinen Eigentümern, den Arbeitern direkt zugute. Sie mehrten das sozialistische Eigentum und bildeten die Grundlage für die stabile staatliche Sozial- und Subventionspolitik. Niedrige, über Jahrzehnte stabile Mieten und Nahrungsmittelpreise waren dafür das Spiegelbild. Das kapitalistische Staatseigentum hingegen dient ausschließlich der Erhaltung und Konservierung der kapitalistischen Produktionsweise.
Friedrich Engels formulierte 1880 dazu in seinem Werk »Die Entwicklung des Sozialismus von der Utopie zur Wissenschaft«: »Aber [...] die Verwandlung [...] in Staatseigentum hebt die Kapitaleigenschaft der Produktivkräfte (nicht) auf. Und der moderne Staat ist wieder nur die Organisation, welche sich die bürgerliche Gesellschaft gibt, um die allgemeinen äußeren Bedingungen der kapitalistischen Produktionsweise aufrechtzuerhalten. [...] Der moderne Staat, was auch seine Form, ist eine wesentlich kapitalistische Maschine, Staat der Kapitalisten, der ideelle Gesamtkapitalist. Je mehr Produktivkräfte er in sein Eigentum übernimmt, desto mehr wird er wirklicher Gesamtkapitalist, desto mehr Staatsbürger beutet er aus. Die Arbeiter bleiben Lohnarbeiter, Proletarier. Das Kapitalverhältnis wird nicht aufgehoben, es wird vielmehr auf die Spitze getrieben.« [103]
Die kurzfristige Bilanz des westdeutschen »Beutezug OST« wird in einem »Papier des Ältestenrates der Partei Die Linke« aus dem Jahr 2019 deutlich: »Zwischen 1990 und 1995 verloren schätzungsweise

80 Prozent der Erwerbstätigen in Ostdeutschland ihren Arbeitsplatz. [...] Wichtigste Ursache dafür ist die Vernichtung der Wirtschaftskraft der DDR (besonders die Zerschlagung von 140 der 145 DDR-Großbetriebe mit über 5.000 Beschäftigten). [...]

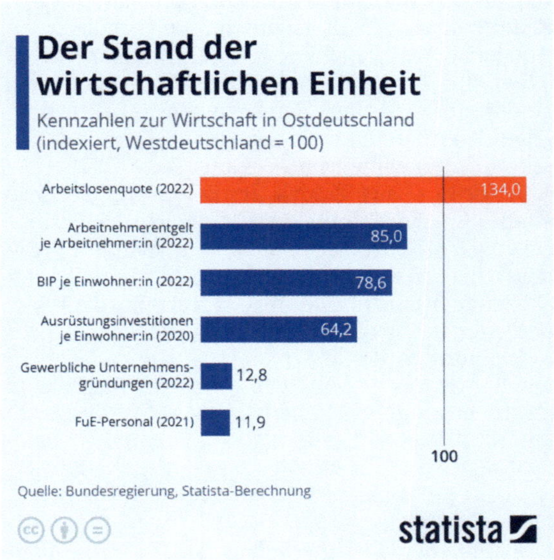

Grafik »Statista«, 2. Oktober 2023. Infografik: Der Stand der wirtschaftlichen Einheit | Statista.

Die Folge der Verschleuderung der 12.354 volkseigenen Betriebe, der 465 Staatsgüter und der 3,3 Millionen Wohnungen (plus Verkehrsbetriebe, Versicherungseigentum und Handelsorganisationen)

durch die Treuhand ist eine anhaltende Beherrschung der ostdeutschen Wirtschaft durch westdeutsche Eigentümer. Ein riesiges Volksvermöge- von etwa 600 Milliarden DM zerrann »im Zeitraffer zu nichts« (Die Woche, 6.6.1997). Westdeutsche Kapitaleigner übernahmen etwa 80 Prozent der ostdeutschen Wirtschaft. Heute werden fast alle Zeitungen und etwa 25 Prozent der Unternehmen von Westdeutschen geführt. 60 Prozent der Immobilien sind in westdeutscher Hand. Etwa zwei Drittel der leitenden Angestellten in den 100 größten ostdeutschen Unternehmen sind Westdeutsche. [...]
Einer der großen Skandale der Vereinigung ist der sogenannte Elitentransfer, d. h. die dauerhafte Besetzung der Führungspositionen im Staat mit Westdeutschen. In Gesamtdeutschland sind lediglich 1,7 Prozent der Führungskräfte Ostdeutsche. Bis 1992 besetzten entsprechend den Festlegungen über ›Verwaltungshilfe‹ in Artikel 15, Abs. 2 des Einigungsvertrages 35.000 Beamte und Politiker die staatlichen und politischen Schlüsselpositionen in den ostdeutschen Ländern. Sie brachten zugleich ihre ›Netzwerke‹ mit. Die Verstetigung des dominierenden Einflusses der Westdeutschen wurde zum Normalzustand.
Der Anteil der Ostdeutschen an der Gesamtbevölkerung in den sogenannten neuen Bundesländern liegt heute bei 87 Prozent; der Anteil z. B. der ostdeutschen Richter bei 13,3 Prozent, der Anteil ostdeutscher Manager bei 33 Prozent. Etwa 90 Prozent der neu berufenen Professoren an ostdeutschen Universitäten kommen aus Westdeutschland. Von den 35 zwischen 1990 und 2004 tätigen Staatsse-

kretären im Freistaat Sachsen kamen 85,3 Prozent aus Westdeutschland. [...] Der Einigungsvertrag vom 31. August 1990 war kein Vertrag gleichberechtigter Partner, sondern ein Eingliederungsvertrag, ein Diktat der Bundesrepublik Deutschland gegenüber der DDR. Er war ein ›Fahrplan‹ für die ökonomische und politische Konterrevolution.« [104]
So blieb die Verkündung der CDU-Kohl-Regierung aus dem Frühjahr 1990 »die DDR-Wirtschaft steht vor einem großen Aufschwung« reine Manipulation. Die kapitalgetreuen bundesdeutschen Staatslenker mit ihrer »Treuhand« begründeten den Vernichtungsfeldzug gegen die volkseigene DDR-Wirtschaft vor allem mit einer angeblichen Staatspleite der DDR, mit ihrem unvermeidbaren Zusammenbruch. Egon Krenz stellte fest: »Die DDR hinterließ der Bundesrepublik keine Erblast in Höhe von 400 Milliarden DM – wie behauptet wird –, sondern ein Volksvermögen von 1,74 Billionen Mark an Grundmitteln und 1,25 Billionen Mark im produktiven Bereich – ohne den Wert des Bodens und den Besitz von Immobilien im Ausland gerechnet.« [105]
Adenauers einstige weinerliche Aufforderung an die DDR-Bürger, »treu zu bleiben ihrem Sehnen nach der Wiedervereinigung mit uns«, klang 1990 wie Hohn. Ebenso verspottend stellte sich Kohls soziale Sicherheitslüge in jenem Jahr dar: »Den Deutschen in der DDR kann ich sagen [...] Es wird niemandem schlechter gehen als zuvor – dafür vielen besser.« [106] Im 34. Jahr nach ihrer Angliederung sind die Ostdeutschen in der BRD bezeichnenderweise Bürger II. Klasse geblieben. Dafür nur zwei gravierende Beispiele.

1. Der Ost-Arbeitslohn

Juli 2023: »Auch mehr als 30 Jahre nach der Wiedervereinigung bekommen Menschen in Ostdeutschland weniger Gehalt als Menschen in West-

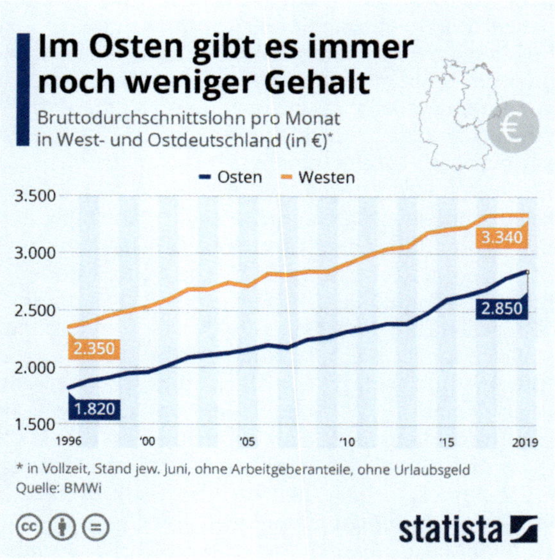

Grafik »Statista«, 17. September 2020. Infografik: Im Osten gibt es immer noch weniger Gehalt | Statista.

deutschland. Im Osten lag das Jahresbruttogehalt von Vollzeitbeschäftigten 2022 im Schnitt rund 13.000 Euro unter dem im Westen, wie aus Zahlen des Statistischen Bundesamts [...] hervorgeht [...].

Im Westen lag das entsprechende Jahresbrutto demnach bei durchschnittlich 58.085 Euro, im Osten bei 45.070 Euro.« [107] Dieser Zustand hat langfristig katastrophale Auswirkungen auf die künftige Rentenhöhe der betroffenen »Ossis«.

2. Die Ost-Rente

Im Widerspruch zu Kanzler Kohls Verkündung im Jahr 1990 trafen die Ostdeutschen äußerst »unbillige Härten«. Die Rentenbezieher in der vereinnahmten DDR wurden dramatisch »schlechter« gestellt als die westdeutschen Bürger. Für alle Noch-DDR-Bürger, die am 18. Mai 1990 ihren Wohnsitz in der DDR hatten, galt 33 Jahre lang, dass die Rentenwerte Ost dramatisch unter den Rentenwerten West lagen.
Anfang 1991, im ersten Jahr nach der Angliederung der DDR an die BRD, bekam der Rentner West 39,58 DM für einen erarbeiteten Entgeltpunkt (EP), der Rentner Ost hingegen nur 18,35 DM. Die Bezüge für den ostdeutschen Rentner erreichten dadurch im »Deutschland einig Vaterland« in jenem Jahr noch nicht einmal fünfzig Prozent der Westrente.
In den Folgejahren setzte sich dieses Unrecht fort.

- Im Jahre 2000 West: 48,58 DM pro (EP), Ost: 42,26 DM pro (EP). Differenzbetrag pro Entgeltpunkt: 6,32 DM.
- Im Jahre 2009 West: 27,20 EURO pro (EP), Ost: 24,13 EURO pro (EP). Differenzbetrag pro Entgeltpunkt: 3,07 EURO.
- Im Jahre 2015 West: 29,21 EURO pro (EP),

Ost: 27,05 EURO pro (EP). Differenzbetrag pro Entgeltpunkt: 2,16 EURO.

- Im Jahre 2020 West: 34,19 EURO pro (EP), Ost: 33,23 EURO pro (EP). Differenzbetrag pro Entgeltpunkt: 0,96 EURO.
- Im Jahre 2022 West: 36,02 Euro pro (EP), Ost: 35,52 Euro pro (EP). Differenzbetrag pro Entgeltpunkt: 0,50 EURO.

Der Rentenwert Ost stieg damit 2022 nach zweiunddreißig Jahren Angliederung der DDR und der sogenannten »Währungs-, Wirtschafts- und Sozialunion« auf ganze 98,6 Prozent des Rentenwertes West. Erst 2023, also nach besagten 33 Jahren, schafften es die dafür politisch Verantwortlichen in Deutschland den Rentenwert zwischen Ost und West zu vereinheitlichen!

❖

In Russland fanden am 12. Juni 1991 Wahlen statt. Boris Jelzin wurde Präsident Russlands. Gorbatschow hatte noch das Präsidentenamt der Sowjetunion inne. Im November 1991 erließ Präsident Jelzin ein Dekret über das Verbot der KPdSU auf dem Gebiet der RSFSR. »Russland, die Ukraine und Weißrussland gründeten die Gemeinschaft Unabhängiger Staaten«. Boris Jelzin wurde Präsident dieses Staatenbundes. [108] Die »neuen« Partner veröffentlichten die »Erklärung der Staatsoberhäupter der Republik Belarus, RSFSR, Ukraine vom 8. Dezember 1991«⇩.
Nach Unterzeichnung der »Belowescher Vereinbarungen« verkündete Jelzin der Welt, damit habe die am 30. Dezember 1922 gegründete Sowjetunion

»ihre Existenz beendet«. Im Finale seines politischen Verrats, der von ihm verursachten Konterrevolution und des wirtschaftlichen Desasters trat der entmachtete Michail Gorbatschow am 25. Dezember 1991 sowohl als Präsident der aufgelösten Sowjetunion als auch als Generalsekretär des Zentralkomitees der KPdSU zurück. Boris Jelzin vollendete nunmehr die von Gorbatschow penibel vorbereitete und ausgelöste Konterrevolution.

ERKLÄRUNG
DER STAATSOBERHÄUPTER DER REPUBLIK BELARUS, RSFSR, UKRAINE
vom 8. Dezember 1991

Wir, die Führer der Republik Belarus, der RSFSR, der Ukraine,

- feststellend, dass die Verhandlungen über die Ausarbeitung eines neuen Unionsvertrags in eine Sackgasse geraten sind und der objektive Prozeß des Austritts der Republiken aus der UdSSR und der Bildung unabhängiger Staaten zu einer realen Tatsache geworden ist;
- Feststellung, dass die kurzsichtige Politik des Zentrums zu einer tiefen wirtschaftlichen und politischen Krise, zum Zusammenbruch der Produktion, zu einem katastrophalen Rückgang des Lebensstandards fast aller Schichten der Gesellschaft geführt hat; – unter Berücksichtigung der zunehmenden sozialen Spannungen in vielen Regionen der ehemaligen UdSSR, die zu interethnischen Konflikten mit zahlreichen Opfern geführt haben;
- Im Bewusstsein unserer Verantwortung gegenüber unseren Völkern, der Weltgemeinschaft und der dringenden Notwendigkeit der praktischen Umsetzung der politischen und wirtschaftlichen Reformen erklären wir die Gründung der Gemeinschaft Unabhängiger Staaten, über die die Parteien am 8. Dezember 1991 ein Abkommen unterzeichnet haben.

Die Gemeinschaft Unabhängiger Staaten, bestehend aus der Republik Belarus, der RSFSR und der Ukraine, steht allen Mitgliedstaaten der UdSSR sowie anderen Staaten, die die Ziele und Grundsätze dieses Abkommens teilen, zum Beitritt offen.

Die Mitgliedstaaten des Commonwealth beabsichtigen, eine Politik zur Stärkung des Weltfriedens und der internationalen Sicherheit zu verfolgen. Sie garantieren die Erfüllung der internationalen Verpflichtungen, die sich für sie aus den Verträgen und Vereinbarungen der ehemaligen UdSSR ergeben, und gewährleisten eine einheitliche Kontrolle über Atomwaffen und deren Nichtverbreitung.

Vorsitzender des Obersten Sowjets der Republik Belarus S. Schuschkewitsch
Präsident der RSFSR B. Jelzin
Präsident der Ukraine L. Krawtschuk

Für Michail Gorbatschow blieb in seiner sehr kurzen Amtszeit als Präsident der UdSSR von März 1990 bis Dezember 1991 immerhin genug Zeit, um die Selbstzerstörung der UdSSR, der sozialistischen Staaten- und des Verteidigungsbündnisses zu organisieren und die bisherigen Bündnispartner des »Warschauer Vertrages« auf den kapitalistischen Weg zu dirigieren. Der von Gorbatschow höchstwahrscheinlich erhoffte Dank für sein ehrloses, nie-

derträchtiges Handeln und die Belohnung durch die russischen Bürger blieb allerdings aus. Bei den Präsidentschaftswahlen in der RSFSR am 12. Juni 1996 erhielt Gorbatschow für seinen historischen Verrat nur ganze 0,51 Prozent der abgegebenen Stimmen. Der Deserteur versank damit im eigenen Land in der politischen Bedeutungslosigkeit. Aber seine persönliche Offenbarung: »Das Ziel meines ganzen Lebens war die Vernichtung des Kommunismus« ging in Erfüllung. Gorbatschow hatte mit seiner Strategie von »Glasnost und Perestroika« die »Büchse der Pandora« geöffnet und trat mit seinem Handeln als »Trojanische Pferd« des US-hörigen vereinten Westens in Erscheinung.
Mit dem russischen Präsidenten Boris Jelzin, der bereits auf dem XXVIII. Parteitag der KPdSU am 12. Juli 1990 seinen Austritt aus dieser Partei bekannt gab, hatten die westlichen Staaten nunmehr einen servilen, willigen, vom Alkohol dominierten und darum willkommenen Gesprächspartner.
Bis zu dem Zeitpunkt, als Jelzin am 31. Dezember 1999 seinen Rücktritt vom Amt des russischen Präsidenten erklärte. Punkt 12.00 Uhr übergab er die Geschäfte an den damaligen Ministerpräsidenten Russlands, Wladimir Putin.

❖

Am 25. September 2001 rückte der »Deutsche Bundestag« ins internationale politische Rampenlicht. Zehn Jahre waren seit dem vollzogenen Verrat Michail Gorbatschows und der Konterrevolution in der UdSSR unter dem Slogan »Glasnost und Perestroika« vergangen. Der amtierende Präsident der

Russischen Föderation, Wladimir Putin, folgte einer Einladung von SPD-Bundeskanzler Gerhard Schröder nach Deutschland. Putin erhielt die Gelegenheit, an jenem 25. September 2001 auf einer Sondersitzung des Deutschen Bundesparlamentes zu sprechen. In fließendem Deutsch bot der russische Präsident an, die Wirtschaftspotenziale Russlands mit denen Deutschlands und der anderen Teile Europas zu vereinigen. Die anwesenden Bundestagsabgeordneten spendeten mehrfach begeisterten Beifall.
Zitat aus dem Wortprotokoll der Rede Wladimir Putins: »Ich bin aufrichtig dankbar für die Gelegenheit, hier im Bundestag zu Ihnen zu sprechen. Es ist das erste Mal in der Geschichte der deutsch-russischen Beziehungen, dass ein russisches Staatsoberhaupt in diesem Hohen Hause auftritt. Diese Ehre, die mir heute zuteil geworden ist, bestätigt das Interesse Russlands und Deutschlands am gegenseitigen Dialog. Ich bin gerührt, dass ich über die deutsch-russischen Beziehungen sprechen kann, über die Entwicklung meines Landes sowie des vereinigten Europa und über die Probleme der internationalen Sicherheit – gerade hier in Berlin, in einer Stadt mit einem so komplizierten Schicksal. [...]
Heute erlaube ich mir die Kühnheit, einen großen Teil meiner Ansprache in der Sprache von Goethe, Schiller und Kant, in der deutschen Sprache, zu halten. (Ende der Simultanübersetzung) (Beifall) [...]
Niemand bezweifelt den großen Wert der Beziehungen Europas zu den Vereinigten Staaten. Aber ich bin der Meinung, dass Europa seinen Ruf als mächtiger und selbstständiger Mittelpunkt der Weltpoli-

tik langfristig nur festigen wird, wenn es seine eigenen Möglichkeiten mit den russischen menschlichen, territorialen und Naturressourcen sowie mit den Wirtschafts-, Kultur- und Verteidigungspotenzialen Russlands vereinigen wird. (Beifall) [...]
Wir leben weiterhin im alten Wertesystem. Wir sprechen von einer Partnerschaft. In Wirklichkeit haben wir aber immer noch nicht gelernt, einander zu vertrauen. Trotz der vielen süßen Reden leisten wir weiterhin heimlich Widerstand. Mal verlangen wir Loyalität zur NATO, mal streiten wir uns über die Zweckmäßigkeit ihrer Ausbreitung. Wir können uns immer noch nicht über die Probleme im Zusammenhang mit dem Raketenabwehrsystem einigen usw. Tatsächlich lebte die Welt im Laufe vieler Jahrzehnte des 20. Jahrhunderts unter den Bedingungen der Konfrontation zweier Systeme, welche die ganze Menschheit mehrmals fast vernichtet hätte. Das war so furchterregend und wir haben uns so daran gewöhnt, in diesem Count-Down-System zu leben, dass wir die heutigen Veränderungen in der Welt immer noch nicht verstehen können, als ob wir nicht bemerken würden, dass die Welt nicht mehr in zwei feindliche Lager geteilt ist. Die Welt ist sehr viel komplizierter geworden. (Beifall) [...]
Heutzutage ist Deutschland der wichtigste Wirtschaftspartner Russlands, unser bedeutsamster Gläubiger, einer der Hauptinvestoren und maßgeblicher außenpolitischer Gesprächspartner. Um ein Beispiel zu nennen: Im vorigen Jahr erreichte der Warenumsatz zwischen unseren Staaten die Rekordhöhe von 41,5 Milliarden DM. Das ist vergleichbar mit dem Gesamtwarenumsatz zwischen den bei-

den ehemaligen deutschen Staaten und der Sowjetunion. Ich glaube nicht, dass man sich damit zufrieden geben kann und hier Halt machen darf. Es bleibt noch genug Spielraum für die deutsch-russische Zusammenarbeit. (Beifall)

Foto: »Der russische Präsident Wladimir Putin, rechts, steht neben dem deutschen Bundeskanzler Gerhard Schröder, als er nach seiner Rede in Berlin am Dienstag, den 25. September 2001, den Applaus der Abgeordneten des Deutschen Bundestages erhält. Putin befindet sich auf einem dreitägigen Staatsbesuch in Deutschland. (AP Photo/Fritz Reiss).«

Ich bin überzeugt: Wir schlagen heute eine neue Seite in der Geschichte unserer bilateralen Beziehungen auf und wir leisten damit unseren gemeinsamen Beitrag zum Aufbau des europäischen Hauses. (Beifall) Zum Schluss will ich die Aussagen, mit denen Deutschland und seine Hauptstadt vor einiger Zeit charakterisiert wurden, auf Russland beziehen: Wir sind natürlich am Anfang des Aufbaus einer demokratischen Gesellschaft und einer Marktwirtschaft. Auf diesem Wege haben wir viele Hürden und Hindernisse zu überwinden. Aber abgese-

hen von den objektiven Problemen und trotz mancher – ganz aufrichtig und ehrlich gesagt – Ungeschicktheit schlägt unter allem das starke und lebendige Herz Russlands, welches für eine vollwertige Zusammenarbeit und Partnerschaft geöffnet ist. Ich bedanke mich. (Anhaltender Beifall – Die Abgeordneten erheben sich).« [109]
Eine solche friedliche Zusammenarbeit zwischen Russland und den westlichen europäischen Staaten widersprach allerdings den am 5. März 1946 in Fulton begründeten Hegemonie- und Weltmachtplänen der USA. Der geübte »Kalte Krieg« des vereinten Westens mit Wirtschaftsembargo, politische Erpressung, Konfrontation und Abschottung zur Sicherung der Vormachtstellung der USA behielt weiter die Oberhand. Nur deren Zielrichtung wurde verlagert. Die überflüssig gewordene Hatz gegen die sozialistischen Staaten ersetzten die USA und ihre Vasallen jetzt durch Hassattacken und einen ausgeprägten »Kalten Krieg« gegen das sich kapitalistisch formierende Russland. So blieb Deutschland nach dem Auftritt Putins im Bundestag unter der amtierenden rot-grünen Bundesregierung mit SPD-Kanzler Schröder auf der traditionellen, ausgetretenen Schleimspur nach Washington und folgte »artig« dem dirigierend erhobenen Zeigefinger der US-Administration. Den »Deutschen Bundestag« kennzeichnet bis in die Gegenwart, immer den nachdrücklichen »Ratschlägen« der USA folgend, ein zunehmend intensiver, konfrontativer Kurs gegenüber Russland.
In der zwanzigsten Ausgabe des offiziellen Presseorgans des Deutschen Bundestages, der Zeitschrift

»Das Parlament«, erschien am 10. August 2015 die Schlagzeile: »Sonderthema: Russland. Der neue Konflikt mit dem Westen« und »Der Putin-Komplex.«

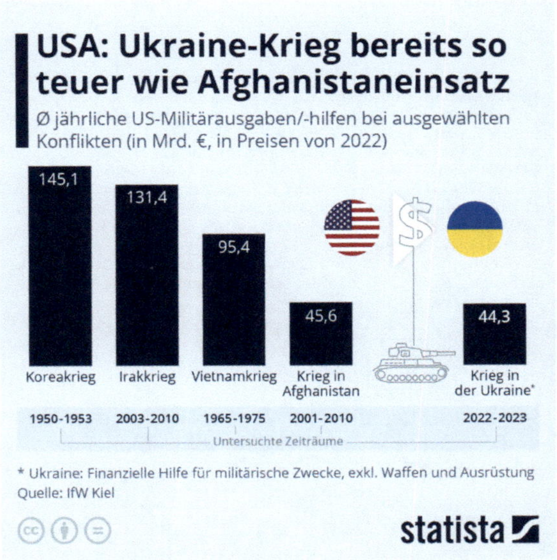

Grafik »Statista«, 23. Februar 2023. https://de.statista.com/infografik/29370/durchschnittliche-jaehrliche-us-militaerausgaben-bei-ausgewaehlten-konflikten/.

Die Grundaussage dieser Ausgabe der Zeitschrift »Das Parlament« lautete: »In Deutschland gibt es zu viel Verständnis für die friedensgefährdende Politik Moskaus.« [110]

Welcher Staat eine »friedensgefährdende Politik« betreibt und den Weltfrieden seit 1945 stetig massiv bedroht, lässt sich an der Faktenlage nachprüfen. Es war und ist nicht Russland, sondern es sind vor allem die USA.

»Bisweilen hört man, wir müssten uns aus Solidarität im Nato-Bündnis an militärischen Interventionen beteiligen. Das Argument passt besser in die Nibelungensage als in die heutige Wirklichkeit. Denn das nordatlantische Bündnis war und ist ein Verteidigungsbündnis, nicht etwa ein Bündnis zur Umgestaltung der Welt. Solange es ein Verteidigungsbündnis bleibt, ist es erwünscht, weil für einen Notfall notwendig. Aber daraus ein Instrument zur Umgestaltung fremder Staaten zu machen, daran sollten wir nicht mitwirken, auch wenn von einigen Politikern oder Schreibern dergleichen als Ausdruck weltpolitischer Verantwortung dargestellt wird. Wo immer von weltpolitischer Verantwortung die Rede ist, dort muss man prüfen, was die eigentlichen Motive sind.«

Zitat aus einem Artikel von Helmut Schmidt, SPD-Bundeskanzler von 1974 bis 1982, in der Wochenzeitung »Die Zeit« vom 30. Oktober 2008.

Dem Bundestag und seinem »Das Parlament« sollten diese Sachverhalte bekannt sein. Allein oder zusammen mit ihren westlichen Verbündeten der NATO gelang es den Yankees nach dem II. Weltkrieg ihre militante Vorherrschaft stetig auszubauen.
So führten die USA meist auch im Einklang mit dem bundesdeutschen »Bündnispartner« zahlreiche Angriffskriege – größtenteils unter Bruch des Völkerrechts, versteht sich.
Zum Beispiel:

- 1950 Koreakrieg
- 1965 Vietnamkrieg
- 1991 Irakkrieg (zweiter Golfkrieg)
- 1999 Jugoslawienkrieg

- 2001 Afghanistankrieg
- 2003 Irakkrieg
- 2011 Syrien und Libyenkrieg.

Das andauernde permanente Hegemoniestreben der USA in Verbindung mit militärischen Interventionen rund um den Erdball hat ihren Preis.
Die US-Staatsverschuldung belief sich Ende 2023 auf die Rekordsumme von 34 Billionen US-Dollar. Das waren 6,25 Billionen US-Dollar mehr als beim Amtsantritt des 46. Präsidenten der Vereinigten Staaten, Joe Biden, am 20. Januar 2021. Seit dem Jahre 2004 haben die USA nicht mehr weniger ausgegeben als eingenommen.

❖

Entgegen der von James Baker am 9. Februar 1990 formulierten Zusicherung befanden sich drei Jahre nach dem Auftritt Wladimir Putins vor den Abgeordneten des Deutschen Bundestages fast alle Staaten des aufgelösten »Warschauer Paktes« als Mitglieder in der NATO wider. Die Pufferzone zwischen Russland und dem westlichen Militärbündnis wurde 2004 mit der Mitgliedschaft der drei baltischen Staaten und früheren Sowjet-Republiken Estland, Lettland und Litauen im Nordatlantikpakt weiter drastisch reduziert. Übrig blieben die einstigen Republiken der UdSSR, Weißrussland und die Ukraine. Der vereinte Westen putschte 2014 die Russland-verträgliche Regierung in der Ukraine aus dem Amt und installierte ein US-höriges Regime.
Nach diesem »bewährten« Vorbild des vollzogenen »Regimechange« versuchten die USA auch 2020 in Weißrussland den Sturz der amtierenden Staatsfüh-

rung herbeizuführen und durch eine US-hörige zu ersetzen. Dieser Angriff misslang (bisher). Folgerichtig gingen die USA im Bündnis mit ihren Vasallen in der NATO nunmehr zum nächsten Schritt der verschärften Konfrontation mit Russland über.

In seinem 1928 erschienenen Buch **»Falsehood in Wartime«** untersuchte und beschrieb der britische Staatsbeamte, Politiker, Schriftsteller und Pazifist Arthur Ponsonby die Methoden der Kriegspropaganda der Beteiligten des Ersten Weltkrieges von 1914 bis 1918. Das Buch enthält die bekannte Aussage: **»Nach der Kriegserklärung ist die Wahrheit das erste Opfer. (When war is declared, truth is the first casualty)«**. Ponsonby formulierte die folgenden, bis heute gängigsten Lügen von Kriegsparteien, die von Anne Morelli 2004 in ihrem Buch **»Die Prinzipien der Kriegspropaganda«** systematisiert und aktualisiert wurden. Diese Propagandalügen lauten:

- »Wir wollen den Krieg nicht.
- Das gegnerische Lager trägt die alleinige Verantwortung für den Krieg.
- Der Führer des Gegners hat dämonische Züge (›der Bösewicht vom Dienst‹).
- Wir kämpfen für eine gute Sache.
- Der Gegner kämpft mit verbotenen Waffen.
- Der Gegner begeht mit Absicht Grausamkeiten, bei uns handelt es sich um Irrtümer aus Versehen.
- Unsere Verluste sind gering, die des Gegners enorm.
- Angesehene Persönlichkeiten, Wissenschaftler, Künstler und Intellektuelle unterstützen unsere Sache.
- Unsere Mission ist heilig.
- Wer unsere Berichterstattung in Zweifel zieht, steht auf der Seite des Gegners und ist ein Verräter.«

Vom 12. bis zum 23. Juni 2023 führte die NATO »Air Defender 2023«, die größte Luftwaffenübung seit ihrem Bestehen durch. Der Schwerpunkt lag im Luftraum über der BRD. 10.000 Soldaten aus 25 Nationen, 250 Luftfahrzeuge verschiedenster Flug-

zeugtypen nahmen daran teil.
2024 – der Oberbefehlshaber der NATO-Streitkräfte in Europa und »General der United States Army Europa and Afrika«, Christopher Cavoli, verkündete am 18. Januar seine kriegerische Botschaft: An der Ostflanke des Kriegsbündnisses finde von Februar bis Mai 2024 ein Großmanöver der NATO zur »Abschreckung Russlands« statt. An diesem Kriegsspiel in einem Halbkreis um Russland beteiligten sich dann alle 31 Mitgliedstaaten der NATO und Schweden. Die Bezeichnung des Manövers: »Steadfast Defender« (»Standhafter Verteidiger«).
90.000 Soldaten, etwa 1.100 Gefechtsfahrzeuge, über 80 Kampfjets, Hubschrauber, 50 Kriegsschiffe und Flugzeugträger wurden dafür aufgefahren. Deutschland als Kriegsdrehkreuz der NATO und Standort von US-Atomwaffen fand sich bei diesem Manöver als Hauptkampffeld (mit allen dadurch möglichen Folgeschäden in einem Krieg) wider. Bundesverteidigungsminister Boris Pistorius verkündete deshalb zeitgleich, die Bundeswehr müsse »kriegstüchtig« werden und er wolle die Deutschen »wachrütteln«. Dieses Handeln zeigt das am 9. Februar 1990 vom damaligen Außenminister unter US-Präsident George Bush, James Baker, gegebene Versprechen an Gorbatschow, »dass sich die NATO nicht nach Osten ausdehnen würde, wenn Deutschland sich in der NATO vereinigen und die US-Präsenz in Europa aufrechterhalten würde«, [111] war von Beginn an »Schall und Rauch«.
Auf diesem »erfolgversprechenden« Weg blieben die USA bis heute. Im Zuge dessen bekam der CIA-Sender »Radio Liberty« in den letzten Jahrzehnten

»neue« Mitstreiter. Zum Beispiel die vom US-Kongress finanzierte Stiftung »National Endowment for Democracy«, kurz NED genannt. Diese Organisation agiert seit 1983 unter der wie stets hochgehaltenen imaginären Demokratie-Fahne. Sie steht aber in den Diensten von kapitalen US-Interessen gegen echte demokratische Entwicklungen in »bedürftigen« Ländern weltweit. Ihre Instrumente: Subversion, Infiltration und Sabotage.
Die chinesische Regierung veröffentlichte am neunten Mai 2022 eine Dokumentation zur Tätigkeit des NED. »Die Vereinigten Staaten hätten [...] solche ›Demokratie‹ seit Langem als Werkzeug und Waffe benutzt, um echte demokratische Strukturen im Namen der angeblichen Demokratie zu untergraben, um Spaltung und Konfrontation zu schüren und sich in die inneren Angelegenheiten anderer Länder einzumischen. [...] ›Die NED als eines der wichtigsten (Instrumente) der US-Regierung hat legitime Regierungen unterwandert und unter dem Vorwand der Demokratie US-freundliche Marionettenkräfte aufgebaut.‹ Die NED steckt hinter den von den Vereinigten Staaten angezettelten und inszenierten Farbenrevolutionen und weiteren Regime-Change-Operationen, einschließlich des Zerfalls der Sowjetunion, der Rosenrevolution in Georgien, der Orange Revolution in der Ukraine und des Arabischen Frühlings [...]. Die NED (hat) Proteste und Demonstrationen in Thailand angezettelt, die Oppositionsparteien in Nicaragua zur gewaltsamen Machtübernahme angestiftet, kubafeindliche Kräfte finanziert [...] um die öffentliche Stimmung gegen die Regierung zu manipulieren, und sich seit Langem mit

verschiedenen Mitteln in die inneren Angelegenheiten Venezuelas ein(ge)misch(t).« [112]

12. NATO-Aufmarschgebiet Deutschland

Das seit nunmehr 75 Jahren andauernde hörige, unterwürfige Verhältnis Bundesdeutschlands zu den USA wurde von den jeweiligen hiesigen politischen Vertretern des herrschenden deutschen Kapitals nie infrage gestellt. Die Analyse auf den vorangegangenen Seiten des Buches zeigt die Rahmenbedingungen für dieses spezifische sogenannte »transatlantische Bündnis« mit den Yankees.

Seit 1945 schalten und walten das US-amerikanische Militär und die US-Geheimdienste auf deutschem Boden wie im Punkt 13 »Deutschland ist ein Überwachungsstaat« dokumentiert, offensichtlich, wie es ihnen beliebt. Unverblümt, ohne die sonst übliche Maskerade zeigte der 45. US-Präsident Donald John Trump im Jahre 2017 der Weltöffentlichkeit die realen bilateralen Verbindungen der USA zu Deutschland. Was in der amerikanisch – deutschen Beziehung bisher stets diplomatisch gut kaschiert blieb, kam jetzt drastisch zum Vorschein. Das Verhältnis von Kommandeur und Befehlsempfänger, vom Herrscher und seinem Vasallen.

Auf diese eingeschliffene Weise hat das fünfundsiebzig Jahre lang auch »bestens« funktioniert. Lapidarer Ausdruck für diese Beziehung waren öffentliche, mediale Äußerungen des US-Präsidenten.

»Am Dienstag (30. Mai 2017) übte US-Staatschef Donald Trump auf Twitter massive Kritik am Handelsüberschuss Deutschlands und den aus seiner Sicht geringen Militärausgaben. Dabei fügte er hinzu: ›Sehr schlecht für die USA. Das wird sich ändern.‹ Bei den Verteidigungsausgaben pocht Washington auf eine massive Erhöhung auch seitens der Bundesregierung, die ihrerseits auf eine deutliche Anhebung dieses Postens verweist. Die Unstimmigkeiten zwischen US-Präsident Donald Trump und seinen europäischen Verbündeten, insbesondere mit Deutschland, haben sich in der letzten Zeit verschärft.

Grafik Statista, 6. September 2023. https://de.statista.com/infografik/30764/entwicklung-des-verteidigungshaushalts-von-deutschland/

Den NATO-Partnern warf Trump vor, nicht genug Geld für das Militär auszugeben. [...] Bei der EU-Spitze habe der US-Präsident sich über den deutschen Handelsüberschuss beklagt und die Deutschen als ›böse, sehr böse‹ (›bad, very bad‹) bezeichnet«. [113]

Auch der US-Botschafter unter Präsident Donald John Trump, Richard Grenell, führte sich in Deutschland regelmäßig auf wie ein Stallmeister. Seinem obersten Chef ebenbürtig praktizierte dieser gegenüber Deutschland wiederholt öffentlich und ohne Schminke das beschämende traditionelle Verhältnis des Herrschers zu seinem Vasallen. Diplomatische Tünche jeglicher Art spielte auch bei Grenell keine Rolle. »Gegenüber dem Springerblatt BILD erklärte der Botschafter 2019: ›Was wir wollen, was die amerikanische Bevölkerung will, ist ein klares Bekenntnis der deutschen Bevölkerung, dass sie den Westen unterstützt‹. Im Gespräch mit der Augsburger Allgemeinen erklärte Grenell: ›Amerika hat viel geopfert, um Deutschland dabei zu helfen, ein Bestandteil des Westens zu bleiben. Die USA haben derzeit 34.000 Soldaten in Deutschland stationiert, das sind Milliarden Dollar, die die amerikanische Bevölkerung ausgibt‹.« [114] Offensichtlich ungewollt und ganz nebenbei bestätigte Grenell mit diesen Worten den unter Punkt vier »US-Geheimplan – Spaltung« dokumentierten Vorgang des vollzogenen Verrats der USA an den Beschlüssen der »Dreimächtekonferenz von Berlin [›Potsdamer Abkommen‹]« von 1945.

Die anmaßende Chuzpe des US-Präsidenten und seines Außenministers bezüglich der ihrer Meinung nach zu geringen Rüstungsausgaben in Deutschland fanden erwartungsgemäßes Echo bei der deutschen Bundesregierung. Am 20. Juli 2019 verkündete CDU-Bundeskanzlerin Merkel folgsam die Erhöhung der Rüstungsausgaben. So stieg bereits im Jahr 2020 das »Verteidigungsbudget« von 42,9 Milliarden Euro auf 44,9 Milliarden Euro. Zur Erinnerung, der gesamte Bundeshaushalt 2019 umfasst 356,8 Milliarden Euro.

Gerhard Schröder formulierte im Interview mit der »Berliner Zeitung« am 21. Oktober 2023: »Ich bekam 2022 eine Bitte aus der Ukraine, ob ich nicht zwischen Russland und der Ukraine vermitteln könne. Die Frage war, ob ich Putin eine Botschaft übermitteln könne.Es käme auch jemand mit, der ein sehr enges Verhältnis hätte zum ukrainischen Präsidenten selbst. Das war Rustem Umjerow, der heutige Verteidigungsminister der Ukraine. Er ist Angehöriger der Minderheit der Krimtataren. [...] Man könnte den Krieg beenden, wenn nicht geopolitische Interessen im Spiel wären. [...] Bei den Friedensverhandlungen im März 2022 in Istanbul mit Rustem Umjerow haben die Ukrainer keinen Frieden vereinbart, weil sie nicht durften. Die mussten bei allem, was sie beredet haben, erst bei den Amerikanern nachfragen. Ich habe mit Umjerow zwei Gespräche geführt, dann mit Putin ein Vier-Augen-Gespräch und danach mit Putins Gesandten.
Umjerow hat das Gespräch mit Grüßen von Selenskyj eröffnet. Als Kompromiss für die Sicherheitsgarantien der Ukraine wurde das österreichische Modell vorgeschlagen oder das 5+1-Modell. Das fand Umjerow gut. Auch bei den anderen Punkten zeigte er Bereitschaft. Er sagte auch, dass die Ukraine keine Nato-Mitgliedschaft wolle. Er sagte auch, dass die Ukraine Russisch im Donbass wieder einführen will. Doch am Ende passierte nichts.
Mein Eindruck: **Es konnte nichts passieren, denn alles Weitere wurde in Washington entschieden. [...] Ich glaube, die Amerikaner haben den Kompromiss zwischen der Ukraine und Russland nicht gewollt.** [...] Die Amerikaner haben sich überschätzt? Davon gehe ich aus. Glauben Sie, dass man Ihren Friedensplan wieder aufnehmen kann?
Ja. Und die einzigen, die das anstoßen können, sind Frankreich und Deutschland. [...] Was wollen die Russen? Status quo in Donbass und Krim. Mehr nicht.«

Zitat aus einem Interview mit Gerhard Schröder, SPD-Bundeskanzler von 1998 bis 2005, am 21. Oktober 2023 in der »Berliner Zeitung«. www.berliner-zeitung.de/politik-gesellschaft/gerhard-schroeder-im-exklusiv-interview-was-merkel-2015-gemacht-hat-war-politisch-falsch-li.2151196.

Die von den USA von Deutschland geforderte Erhöhung der Rüstungsausgaben im Umfang von zwei Prozent des Bundeshaushaltes fand bei seinen Vasallen in Deutschland auch in den folgenden Monaten große Resonanz. So erreichten die deutschen Rüstungsausgaben 2023 einen Rekordwert. Das »Verteidigungsbudget« des Bundeshaushaltes stieg in jenem Jahr auf rund 50,12 Milliarden Euro. Die NATO-Staaten wendeten zu diesem Zeitpunkt bereits jährlich weit mehr als eine Billion US-Dollar fürs Militär auf. Aber Deutschland bewies den amerikanischen »Freunden« 2024, dass noch weit mehr möglich ist. So planten die Machthaber der aktuellen rot-grün-gelben Bundesregierung in Deutschland unter SPD-Bundeskanzler Olaf Scholz nach dem Willen der USA zum 75. BRD-Staatsjubiläum bisher nie da gewesene Rüstungsausgaben.
Ergo: »Mit 85,5 Milliarden Euro nach NATO-Kriterien für das Militär hat die Bundesregierung für 2024 einen Haushalt aufgelegt, der alle historischen Dimensionen seit Bestehen der Bundesrepublik sprengt. Es sind die höchsten deutschen Militärausgaben seit 1945. Deutschland steigt damit zur ausgabenstärksten Militärmacht in Europa noch vor Russland auf.« [115] Das heißt, von den 477 Milliarden Euro des Staatshaushaltes 2024 geht fast jeder fünfte Euro in die Kriegsvorbereitung. Gleichzeitig nehmen im Kontrast dazu Elend und Armut in Deutschland kräftig zu.
Am 14. Februar 2024 überschlugen sich die Meldungen in den bürgerlichen deutschen Medien. NATO-Generalsekretär Stoltenberg hatte verkündet, dass Deutschland nach drei Jahrzehnten (end-

lich) wieder Rüstungs- und Militärausgaben in Höhe von zwei Prozent des Bruttoinlandsproduktes (BIP) erreicht habe.
Auch unter dem 2021 auf Trump folgenden US-Präsidenten Joe Biden zeigt sich die Kontinuität der Anmaßung des Herrschers über seine deutschen Untertanen. Im Jahre 2022 nahm sich dessen »Verteidigungsminister« Lloyd Austin das Recht zur Einladung von Kriegsministern und Militärchefs aus 40 Ländern nach Deutschland. Dieser US-Kriegsrat fand am 27. April 2022 auf dem US-Luftwaffenstützpunkt in Ramstein, also mitten in Deutschland statt. Für die hiesigen von den Bürgern gewählten staatlichen Repräsentanten war auch dieses Gebaren der USA in Deutschland augenscheinlich ein ganz normaler Vorgang.
Der »Südwestrundfunk« von Baden-Württemberg berichtete am 23. April 2022 darüber: »Der Sprecher des US-Verteidigungsministeriums, John Kirby, teilte am Freitag (22. April 2022) [...] im US-Pentagon mit, insgesamt seien rund 40 Staaten eingeladen worden. Welche Länder genau schon zugesagt haben, erwähnte er nicht. Allerdings seien auch Nicht-NATO-Staaten darunter.

> Das ist die Ramstein Air Base. Die Ramstein Air Base ist ein Militärflugplatz der US Air Force bei Ramstein-Miesenbach, etwa zehn Kilometer westlich von Kaiserslautern. Sie wurde 1951 eröffnet und gilt heutzutage als größte Einrichtung der US Luftwaffe außerhalb der Vereinigten Staaten. Insgesamt arbeiten etwa 9.000 Menschen dort. Die Air Base ist eines der wichtigsten Drehkreuze für Fracht- und

Truppentransporte der US Air Force weltweit. Der Militärflughafen wird auch für Evakuierungsflüge genutzt. Verletzte Soldatinnen und Soldaten können im nahen Landstuhl Regional Medical Center behandelt werden, dem größten US-Krankenhaus außerhalb der USA. Eine wichtige Rolle spielt die Ramstein Air Base bei den Drohneneinsätzen des US-Militärs. Auf dem Gelände befindet sich eine Satelliten-Relais-Station, die die Steuerungsbefehle an die Drohnenflotte weltweit übermittelt. Friedensaktivisten vertreten daher die Ansicht, die Air Base würde gegen geltendes Völkerrecht verstoßen. Auf der Air Base ist außerdem das Hauptquartier des Allied Air Command stationiert, einer Kommandobehörde der Luftstreitkräfte der NATO.

Von Ramstein aus überwacht die NATO die Raketenabwehr des Bündnisses sowie die Weltraumaktivitäten der Mitgliedsstaaten. Für das Hauptquartier arbeiten mehr als 600 Menschen aus fast 30 verschiedenen Nationen. Die Ramstein Air Base gilt auch als wichtiger Wirtschaftsfaktor für die Region. Rund um den Luftwaffen stützpunkt leben mehr als 50.000 amerikanische Soldaten und ihre Angehörigen, was etwa der Einwohnerzahl von Speyer entspricht. Etwa 40 Prozent des Lohns der US-Militärgemeinde soll in die lokale Wirtschaft fließen.

Das Treffen finde nicht unter dem Dach des Bündnisses (in der Air Base Ramstein) statt.« [116]

Auch die militärische Vasallen-Treue Deutschlands

gegenüber den USA hat natürlich ihren Preis. Bezahlt wird dieses staatliche Agieren bis heute aus dem von den Bürgern stets gut gefüllten Steuertopf zum Nachteil eben dieser steuerzahlenden Bürger. Das seit 1945 in (West)Deutschland stationierte US-Militär ist dafür ein prägnantes Beispiel. In der Antwort auf eine diesbezügliche Anfrage der Linken-Abgeordneten im Bundestag, Brigitte Freihold, aus dem Jahre 2019 wird das deutlich: »Die Bundesregierung hat die US-Truppen in Deutschland in den vergangenen sieben Jahren mit mehr als 240 Millionen Euro unterstützt. Damit wurden unter anderem Versorgungsleistungen für ehemalige Mitarbeiter oder die Bewirtschaftung von Grundstücken und Gebäuden bezahlt. [...] Die 480 Millionen Euro, die der Bund von 2012 bis 2019 für alle militärischen Baumaßnahmen von NATO-Partnern in Deutschland verplant hat, entfallen ›fast ausschließlich‹ auf die USA«. [117]
»Zeit.de« konstatierte vier Jahre später, im Mai 2023: »Die Kosten für die Stationierung von Nato-Soldaten in Deutschland sind 2022 im Vergleich zum Vorjahr deutlich gestiegen: Rund 131 Millionen Euro hat Deutschland im Jahr 2022 laut einer vorläufigen Berechnung ausgegeben. Das bedeutet eine Steigerung um rund acht Prozent im Vergleich zu 2021. [...] Den größten Anteil an den Kosten hat demnach die US-Armee, die mehr als 38.000 Soldaten in Deutschland stationiert hat. Die Ausgaben des Bundes verteilen sich auf Baumaßnahmen an Kasernen und Gebäuden, die die Nato-Truppen in Deutschland nutzen, und sogenannte Verteidigungsfolgekosten. Das können beispielsweise Ent-

schädigungen sein oder auch Überbrückungsgelder für frühere zivile Beschäftigte der ausländischen Truppen.« [118] Bis 1990 stationierten die USA 227 586 Besatzungssoldaten in der BRD. Die aktuell verbliebenen US-Soldaten sind auf vier Bundesländer verteilt. Ihre Rückführung in die USA ist nicht vorgesehen.
Ein weiterer Beleg für das unmündige deutsche Agieren. Noch immer werden auf deutschem Boden und in europäischen NATO-Staaten widerspruchslos Atomwaffen gelagert. Viele deutsche Bürger ahnten dies seit langem. Am 29. Mai 2021 titelte die »Frankfurter Rundschau«: »Atomwaffen in Europa: US-Soldaten geben versehentlich Standorte preis.« Das Blatt schrieb: »Umso überraschter waren die Journalist:innen der Recherche-Seite Bellingcat, als sie durch einfaches googlen an Karteikarten gelangten, welche den in Europa stationierten US-Streitkräften dabei helfen sollen, sich sensible Details einzuprägen. Und diese Details haben es in sich. Nicht nur, dass umfassende Informationen über die genauen Standorte der Nuklearraketen benannt sein sollen. Darüber hinaus wird wohl haarklein aufgeführt, welche der Tresore, in denen die Atomwaffen üblicherweise aufbewahrt werden, ›heiß‹, also mit einsatztauglichen Sprengköpfen bestückt, und welche ›kalt‹ sind, also aktuell keine nuklearen Waffen beherbergen.« [119]
Die folgende Karte der Standorte der Atomwaffen offenbart die Einkesselung des heutigen Russland und verdeutlicht gleichzeitig das atomare Pulverfass, auf dem die Bürger in Europa und insbesondere in Deutschland seit Jahrzehnten leben müssen.

Die USA haben auch diesbezüglich bis heute nicht nur Deutschland, sondern auch die Niederlande, Belgien, Italien und auch die Türkei fest im Griff.

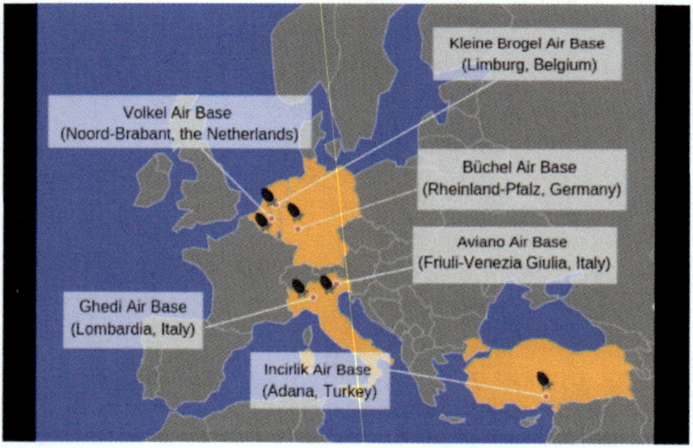

Karte: https://deutsch.rt. com/international/90280-nato-beratungsgremium-verraet-lageplaetze-us-amerikanischer-atomwaffen-in-europa/. Aufgerufen am 18. Juli 2019. (5d2eed3a0d0403d5158b4568.)

Alle an der Stationierung von Atomwaffen Beteiligten verstoßen aber seit Jahrzehnten nachhaltig und selbstherrlich gegen den Atomwaffensperrvertrag vom 1. Juli 1968, welcher 1970 in Kraft trat. Zitat: »Der Atomwaffensperrvertrag ist ein Vertrag, der die Nichtweiterverbreitung (sog. Nonproliferation) von Atomwaffen zum Gegenstand hat. Er regelt, dass der Besitz atomarer Waffen auf die USA, Russland, Frankreich, Großbritannien und die Volksrepublik China beschränkt bleiben soll und dass diese Atommächte kein atomwaffenfähiges Material an andere Staaten weiterverbreiten dürfen. [...] Der

Atomwaffensperrvertrag wurde am 1. Juli 1968 von den USA, der Sowjetunion und Großbritannien unterzeichnet und trat 1970 in Kraft. Mittlerweile haben 189 Staaten den Vertrag unterzeichnet.« [120]

13. »Deutschland ist ein Überwachungsstaat«

Der 33. Präsidenten der USA und Unterzeichner des »Potsdamer Abkommen«, Harry S. Truman gründete am 18. September 1947 den Geheimdienst »Central Intelligence Agency« (CIA) und am 4. November 1952 den »National Security Agency« (NSA). Wie die Dokumentation dieses Buches belegt, nahmen beide US-Geheimdienste vor- und nach der Gründung der BRD 1949 nahtlos aktiv und »erfolgreich« direkten Einfluss auf die Gestaltung der politischen Landschaft ihres neuen teilsouveränen »51. Bundesstaates«.
Auf »Empfehlung« der CIA wurde Reinhard Gehlen am 1. April 1956 erster Präsident des deutschen »Bundesnachrichtendienstes« (BND). Gehlen war unter dem »Führer« Adolf Hitler Leiter der Abteilung Fremde Heere Ost (FHO) des deutschen Generalstabes. Er handelte strikt nach der Forderung des Oberkommandos des Heeres: »Jede Nachsicht und Menschlichkeit gegenüber den Kriegsgefangenen ist streng zu tadeln.« »Wikipedia« berichtet über Reinhard Gehlen und die enge Kooperation mit den US-Geheimdiensten: »Die Organisation Gehlen [...] war ein Nachrichtendienst, der Anfang 1946 entstand und aus dem am 1. April 1956 der Bundesnachrichtendienst (BND) hervorging. [...]
Die USA, die die Organisation finanzierten und

beaufsichtigten sowie die Aufklärungsergebnisse erhielten, verfolgten das Ziel, die deutsche nachrichtendienstliche Expertise über die Sowjetunion im sich abzeichnenden Kalten Krieg zu nutzen. Nachdem das Office of Strategic Services (OSS) als umfassender US-Geheimdienst nach Ende des Zweiten Weltkrieges bereits im September 1945 aufgelöst worden war, fehlte es den US-Streitkräften an einer militärischen Aufklärung. (2) Die Organisation Gehlen sollte diese Lücke für den Bereich der US Army Europe ausgleichen. (3)« [121]
Wohl die einzige Ausnahme in der ansonsten mit überkommenden Faschisten besetzten bundesdeutschen Führungsriege in den »neuen« Geheimdiensten nahm der erste Präsident des »Bundesamtes für Verfassungsschutz« (BfV), Otto John ein. John agierte in diesem Amt vom 17. November 1951 bis zum 20. Juli 1954. Über Otto John ist bei »Wikipedia« nachzulesen: »Laut einem Dokument der CIA schlugen die USA dem damaligen Bundeskanzler, Konrad Adenauer, 1950 vor, Fabian von Schlabrendorff, der im Widerstand gegen den Nationalsozialismus aktiv war, zum ersten Leiter des BfV zu berufen; doch habe Schlabrendorff selbst aus gesundheitlichen Gründen diesen Vorschlag zurückgewiesen. (2) Stattdessen wurde Otto John erster Präsident.« [122] Otto John blieb der einzige führende Beamte in der BRD mit einer antifaschistischen Vergangenheit und war deshalb zunehmend isoliert. John demissionierte und ging am 20. Juli 1954 in den von faschistischen Kadern befreiten DDR-Staat. »Seinen Übertritt in die DDR begründete

John selbst z. B. bei der Pressekonferenz in Ost-Berlin mit der Kritik an Bundeskanzler Adenauer, dessen Politik der Remilitarisierung und Westbindung das Ziel der deutschen Einheit gefährde, folgendermaßen: ›Ich habe mich nach reiflicher Überlegung entschlossen, in die DDR zu gehen und hier zu bleiben, weil ich hier die besten Möglichkeiten sehe, für eine Wiedervereinigung und gegen die Bedrohung durch einen neuen Krieg tätig zu sein.‹ Außerdem klagte er den wieder wachsenden Einfluss früherer Nationalsozialisten in der Bundesrepublik an; namentlich nannte er Bundesvertriebenenminister Theodor Oberländer und Reinhard Gehlen, den Präsidenten des Bundesnachrichtendiensts und früheren Chef der ›Abteilung Fremde Heere Ost‹ der Wehrmacht. Gehlen seinerseits, der eine ›Abneigung gegen Anti-Hitler-Emigranten‹ (Der Spiegel) hegte, kommentierte ›einmal Verräter, immer Verräter!‹, stellte also einen Zusammenhang mit Johns Beteiligung am Widerstand gegen den Nationalsozialismus her. (10) Durch Johns Auftauchen in der DDR wurde in der Bundesrepublik die bereits vorbereitete Übergabe der CIA-finanzierten Organisation Gehlen an die Bundesregierung verzögert.(11)«
[123]

Mit der Gründung des bundesdeutschen Separatstaates vor 75 Jahren begann die offizielle dramatische staatliche Bespitzelung und Ausspähung der Bürger Westdeutschlands. Gleichzeitig rückten diesbezüglich die Ostdeutschen in der am 7. Oktober 1949 gegründete DDR ins Rampenlicht der »neuen« BRD-Geheimdienste. Im Jahre 2012 kamen einst geheime Dokumente an die Öffentlichkeit.

Diese belegen: In den 1950er-Jahren bis 1972 wurden durch die Schnüffeldienste der Bundesrepublik in Zusammenarbeit mit den Diensten der alliierten Besatzungsmächte »119.000.000« Postsendungen der »Brüder und Schwestern« aus der DDR, vermeintliche kommunistische Propaganda und private Briefe und Pakete »geöffnet, kontrolliert und vernichtet«. Beauftragte des Verfassungsschutzes kennzeichnender Weise vor allem »ehemalige SS- und Gestapoangehörige«, wurden zudem mit dem gezielten Abhören von Telefongesprächen von Ost nach West und umgekehrt betraut. [124]
Dieser Eingriff in die Privatsphäre der Bürger geschah, obwohl Artikel 10 des BRD-Grundgesetzes bis 1968 regelte: »(1) Das Briefgeheimnis sowie das Post- und Fernmeldegeheimnis sind unverletzlich. (2) Beschränkungen dürfen nur auf Grund eines Gesetzes angeordnet werden.« Ein solches Gesetz gab es aber bis 1968 nicht. Staatliche Legalisierung erhielt die Bespitzelung durch die Geheimdienste und die damit einhergehende Einschränkung des Grundrechtes der Bürger auf die Unverletzlichkeit des Post- und Fernmeldegeheimnisses erst 1968. Für diesen Zweck wurde Artikel 10 (2) des Grundgesetzes, natürlich ebenfalls ohne das Volk zu fragen, geändert. Die neue Formulierung des Artikels 10 (2) lautet seitdem: »(2) Beschränkungen dürfen nur auf Grund eines Gesetzes angeordnet werden. Dient die Beschränkung dem Schutze der freiheitlichen demokratischen Grundordnung oder des Bestandes oder der Sicherung des Bundes oder eines Landes, so kann das Gesetz bestimmen, daß sie dem Betroffenen nicht mitgeteilt wird und daß an die Stelle des

Rechtsweges die Nachprüfung durch von der Volksvertretung bestellte Organe und Hilfsorgane tritt.« [125] Am 13. August 1968 wurde darauf basierend das Gesetz zur »Beschränkung des Brief-, Post- und Fernmeldegeheimnisses« beschlossen. Bezeichnet auch als »G-10-Gesetz«. Mit dieser Norm wurde die Bespitzelung der eigenen Bundesbürger und der »Brüder und Schwestern« in der DDR per Gesetz in »Form« gebracht und legalisiert. Im § 10 (1) dieses Gesetzes wurde geregelt: »Das Grundrecht des Brief-, Post- und Fernmeldegeheimnisses (Artikel 10 des Grundgesetzes) wird durch dieses Gesetz eingeschränkt« (BGBl. I S. 949). [126] Seitdem ist es den Verfassungsschutzämtern von Bund und Ländern, dem BND sowie dem »Militärischen Abschirmdienst« (MAD) bis heute offiziell gestattet, Telekommunikation zu überwachen und Postsendungen zu öffnen. Die auf diese Art und Weise ausspionierten Bürger haben darüber keine Kenntnis und keine Möglichkeit, sich dagegen zu wehren. Der Rechtsweg und damit ein Rechtsmittel gegen diese Ausspähung sind ausgeschlossen.
Bis heute ist das »G-10-Gesetz« die Grundlage für die Diskriminierung von Bürgern mit anderer Weltanschauung, vor allem von linksgerichteten. Die »unabhängige«, sogenannte »G 10-Kommission« informierte den »Deutschen Bundestag« am 26. Januar 2024 über vollzogene Maßnahmen nach dem »G-10-Gesetz« im Jahre 2021(!). In jenem Jahr »haben das Bundesamt für Verfassungsschutz (BfV), der Bundesnachrichtendienst (BND) und der Militärische Abschirmdienst (MAD) nach Genehmigung durch die ›G 10-Kommission‹ insgesamt 243

Individualmaßnahmen zur Beschränkung des Brief-, Post- und Fernmeldegeheimnisses vorgenommen und damit 16 mehr als im Jahr davor. [...] (20/9950). [...] Danach erfolgten im ersten Halbjahr 2021 insgesamt 119 Beschränkungsmaßnahmen in Einzelfällen und im zweiten Halbjahr 124.« Das Bundesamt für Verfassungsschutz lag mit »109 Einzelmaßnahmen im ersten und 110 Einzelmaßnahmen im zweiten Halbjahr 2021« weit vorn. [127]
Im Jahre 2013, fünfundvierzig Jahre nach der Verabschiedung von »G-10«, befand sich Deutschland in Aufruhr. Ausgelöst durch den US-»Whistleblower« Edward Snowden kamen seit August 2013 immer neue Einzelheiten über das Ausspähen deutscher Bürger ans Tageslicht. Insbesondere die dramatische Überwachung durch den US-Geheimdienst NSA in enger Kooperation mit dem BND und dem deutschen Verfassungsschutz bewegte die Gemüter. Am Standort in Bad Aibling wurden demnach allein im Dezember 2012 unter der Überschrift »Germany – Last 30 days« rund 500 Millionen Metadaten vom BND an den NSA übermittelt. Metadaten beinhalten unter anderem die Informationen darüber, wann welche Anschlüsse bei Telefonaten, E-Mails oder SMS miteinander verbunden waren. Über ein perfides Ergebnis dessen berichtete die »Süddeutsche Zeitung« 2013: »Eine amerikanische Drohne zerfetzte im pakistanisch-afghanischen Grenzgebiet mehrere Männer, unter ihnen den 20-jährigen Bünyamin E. aus Wuppertal und den Iraner Shahab D. aus Hamburg. Zuvor hatten deutsche Behörden Bünyamins Handynummern und die seiner Freunde an die Amerikaner weitergeleitet.

Der tödliche Luftschlag entfachte eine Diskussion, ›wo fängt [...] die Beihilfe (der Geheimdienste der BRD) zu Hinrichtungen (von Menschen und speziell von BRD-Bürgern) per Drohne an?‹«. [128]
»Amnesty International« berichtete am 22. Oktober 2013 über die Praxis von US-Drohnenangriffen in Pakistan und brandmarkte die diesbezügliche extralegale aktive Zusammenarbeit der Geheimdienste der BRD mit den Akteuren in den USA. »Die USA haben beim Einsatz bewaffneter Drohnen in Pakistan immer wieder Völkerrecht gebrochen. Bei einigen Angriffen kann es sich sogar um Kriegsverbrechen handeln. [...] Die Bundesregierung muss endlich öffentlich einfordern, dass auch die USA sich an das geltende Recht halten. Deutsche Behörden dürfen die rechtswidrigen Drohnenangriffe der USA nicht auch noch unterstützen.« [129]
Zum Vorwurf der flächendeckenden Ausspähung deutscher Bürger durch die NSA fand am 12. August 2013 zum wiederholten Male eine Sitzung des dafür eingerichteten sogenannten Parlamentarischen Kontrollgremiums des »Deutschen Bundestages« statt. Im Anschluss daran waren aufschlussreiche Aussagen von teilnehmenden Bundestagsabgeordneten und Mitgliedern dieses Gremiums zu vernehmen.

- Hans Christian Ströbele (Bündnis 90/Die Grünen): »Ich weiß allerdings immer noch nicht und habe immer noch keine Antwort darauf, was denn nun eigentlich die US-Amerikaner über deutsche Bürgerinnen und Bürger gespeichert haben.«
- Thomas Oppermann (SPD), Vorsitzender des

»Parlamentarischen Kontrollgremiums des Bundestages«: »Und deshalb ist die Aussage der NSA, man halte sich an alle Abkommen auch nicht viel wert.«

- Steffen Bockhahn (Die Linke): »Und insofern bleibt für mich nach wie vor offen, ob der Vorwurf, das Deutsche massenhaft ausgespäht werden, nicht doch seinen Grund hat.« [130]

Deutsche Geheimdienste haben also offiziell kein Mandat, um die Daten von Bürgern in der genannten flächendeckenden Art und Weise auszuspähen und an andere Geheimdienste weiterzureichen.
»Nicht nur der deutsche Bundesnachrichtendienst, sondern auch das Bundesamt für Verfassungsschutz liefert nach Medienberichten regelmäßig Daten an die US-amerikanischen NSA und CIA. Im Gegenzug erhalte der Inlandsgeheimdienst Informationen und Spionagesoftware aus den Vereinigten Staaten. [...] Danach soll der Verfassungsschutz allein im vergangenen Jahr (2012) 864 Datensätze an die Amerikaner übermittelt haben. Daneben soll es 657 ›Datenübermittlungen‹ an britische Geheimdienste gegeben haben.« [131]
Auch andere bundesdeutsche Behörden entwickelten Eifer zum Ausspähen der Bürger mittels Handy-Überwachung. Sie verschicken massenhaft sogenannte »stille SMS«. »Die Behörde, welche die SMS verschickt hat, erhält automatisch eine Antwort-SMS [...] (von den Empfängern), welche [...] (den) aktuellen Standort (des Empfängers) verrät.« Die Empfänger einer »stillen SMS« merken von diesen Vorgängen nichts. »Im Jahr 2012 hatte das Bundesamt für Verfassungsschutz 28 843 solcher SMS ver-

schickt. Bis zum 30.6. waren es 2013 schon fast genauso viele, nämlich 28 472 stille SMS. [...] Beim BKA sieht es kaum anders aus: 2012 wurden dort 37 352 stille SMS verschickt; bis zum 30.6.2013 waren es schon 31 948 Stück. Die Bundespolizei verschickte 2012 63 354 stille SMS. Im ersten Halbjahr 2013 versendete sie bereits [...] 65 449 Stück. Angaben zu der Anzahl der versendeten stillen SMS des BND wollte man nicht machen, da diese Zahlen Geheimsache seien.« [132]

Mit den 2013 öffentlich werdenden Enthüllungen des »Whistleblowers« Edward Snowden zur Bespitzelung deutscher Bürger nahm auch der öffentliche Widerstand dagegen zu. Am 7. September 2013 protestierten in Berlin tausende Menschen gegen staatliche Überwachung. Ihre Themen: »Freiheit statt Angst« und »Interessante Menschen haben Geheimnisse«. Etwa sechzig Schriftsteller gaben am 18. September 2013 ihren Protest gegen die Schnüffel Praxis im Lande mit einem »Marsch aufs Kanzleramt« zum Ausdruck. Ihre Feststellung:

»Deutschland ist ein Überwachungsstaat«.

»Wenige Tage vor der Bundestagswahl (am 22. September 2013) protestierten sie gegen den Umgang mit der NSA-Spähaffäre. Vor dem Bundeskanzleramt lasen die Schriftsteller im Chor einen offenen Brief an Bundeskanzlerin Merkel vor, den zuvor 65 000 Menschen unterschrieben hatten. [...] Schon Ende Juli hatte (die Autorin) Zeh gemeinsam mit rund 60 Kollegen Merkel in einem offenen Brief aufgefordert, die Menschen in Deutschland vor der Ausspähung durch ausländische Geheimdienste zu schützen. Die Kanzlerin habe seither jedoch nichts zur Aufklärung der Affäre beigetragen, so die Autoren.« [133] Der Wortlaut der an Merkel gerichteten Petition: »Sehr geehrte Frau Bundeskanzlerin, seit Edward Snowden die Existenz des Prism-Programms öffentlich gemacht hat, beschäftigen sich die Medien mit dem größten Abhörskandal in der Geschichte der Bundesrepublik. Wir Bürger erfahren aus der Berichterstattung, dass ausländische Nachrichtendienste ohne konkrete Verdachtsmomente unsere Telefonate und elektronische Kommunikation abschöpfen. Über die Speicherung und Auswertung von Meta-Daten werden unsere Kontakte, Freundschaften und Beziehungen erfasst. Unsere politischen Einstellungen, unsere Bewegungsprofile, ja, selbst unsere alltäglichen Stimmungslagen sind für die Sicherheitsbehörden transparent. Damit ist der ›gläserne Mensch‹ endgültig Wirklichkeit geworden. Wir können uns nicht wehren. Es gibt keine Klagemöglichkeiten, keine Akteneinsicht. Während unser Privatleben transparent gemacht wird, behaupten die Geheimdienste ein Recht auf maximale Intransparenz ihrer Methoden. Mit anderen Worten: Wir erleben einen historischen Angriff auf unseren demokratischen Rechtsstaat, nämlich die Umkehrung des Prinzips der Unschuldsvermutung hin zu einem millionenfachen Generalverdacht.

Frau Bundeskanzlerin, in Ihrer Sommer-Pressekonferenz haben Sie gesagt, Deutschland sei ›kein Überwachungsstaat‹. Seit den Enthüllungen von Snowden müssen wir sagen: leider doch. Im gleichen Zusammenhang fassten Sie Ihr Vorgehen bei Aufklärung der Prism-Affäre in einem treffenden

Satz zusammen: ›Ich warte da lieber.‹ Aber wir wollen nicht warten. Es wächst der Eindruck, dass das Vorgehen der amerikanischen und britischen Behörden von der deutschen Regierung billigend in Kauf genommen wird. Deshalb fragen wir Sie:
Ist es politisch gewollt, dass die NSA deutsche Bundesbürger in einer Weise überwacht, die den deutschen Behörden durch Grundgesetz und Bundesverfassungsgericht verboten sind?
Profitieren die deutschen Dienste von den Informationen der US-Behörden, und liegt darin der Grund für Ihre zögerliche Reaktion?
Wie kommt es, dass BND und Verfassungsschutz das NSA-Spähprogramm XKeyScore zur Überwachung von Suchmaschinen einsetzen, wofür es keine gesetzliche Grundlage gibt?
Ist die Bundesregierung dabei, den Rechtsstaat zu umgehen, statt ihn zu verteidigen?
Wir fordern Sie auf, den Menschen im Land die volle Wahrheit über die Spähangriffe zu sagen. Und wir wollen wissen, was die Bundesregierung dagegen zu unternehmen gedenkt. Das Grundgesetz verpflichtet Sie, Schaden von deutschen Bundesbürgern abzuwenden. Frau Bundeskanzlerin, wie sieht Ihre Strategie aus?« [134]
CDU-Bundeskanzlerin Merkel blieb von den offengelegten Fakten, der Empörung der Bürger und den öffentlichen Protesten gegen die Bespitzelung deutscher Bürger durch ihre »amerikanischen Freunde« unbeeindruckt. Trotz eindeutiger Beweise für das millionenfache Ausspionieren »ihrer« Staatsbürger wiederholte Frau Merkel immer wieder, dass es für sie keinen Grund gebe, den anderslautenden Anga-

ben »unserer amerikanischen Freunde« nicht zu glauben. Ihr damaliger Innenminister Hans-Peter Friedrich und Kanzleramtsminister Ronald Pofalla stießen in das gleiche Horn. Diese hatten bereits im Sommer 2013 im Ergebnis des parlamentarischen NSA-Untersuchungsausschusses des Bundestages alle Vorwürfe der flächendeckenden Ausspähung deutscher Bürger durch die NSA als unbegründet zurückgewiesen. Der Merkel-Regierung mussten allerdings die Geheimdienst-Praktiken bekannt sein. »Ausgerechnet in Deutschland, in Frankfurt schlägt das Herz des Internets. Hier befindet sich der größte Datenumschlagplatz der Welt. [...] Und in Frankfurt, am größten Knoten der Welt kopierte [...] (der BND) enorme Datenmengen. Damit die Erhebung und Auswertung wenigstens halblegal stattfindet, ließ sich der BND 2008 vom britischen Geheimdienst helfen, das entsprechende Gesetz neu zu formulieren. Das Ergebnis: da Daten ständig über Ländergrenzen fließen, wurde der gesamte Datenverkehr per Gesetz zu Auslandskommunikation erklärt und die darf der BND abhören.« [135] Die CDU-Regierung unter Kanzlerin Merkel wurden Ende Oktober 2013 in ihrer scheinbaren ahnungslosen und verharmlosenden Gleichmütigkeit aufgeschreckt. Was war passiert? Die Medienlandschaft der Bundesrepublik prägten vom 23. bis 31. Oktober 2013 Schlagzeilen wie:

- »Stern.de«: »US-Spähangriff: Snowden hatte Merkels Handy-Nummer.«
- »Tagesspiegel«: »US-Geheimdienst NSA: Merkels Handy abgehört? Kanzlerin beschwert sich bei Obama.«

- »dradio.de«: »Abhöraffäre um Merkels Handy führt zu diplomatischen Spannungen.«
- »Focus online«: »Außenminister Westerwelle bestellt US-Botschafter ein.«
- »Stern.de«: »NSA greift massenhaft Mails bei Google und Yahoo ab. Betroffen sind Hunderte Millionen Nutzer: Die NSA hat laut Medienberichten bei Google und Yahoo massenhaft E-Mails ausspioniert. Google ist außer sich.«

Bezeichnenderweise machte nicht etwa Frau Merkel oder der Beauftragte der Bundesregierung für die Nachrichtendienste und Geheimdienstkoordinator, Kanzleramtsminister Ronald Pofalla, die Ausspähung der deutschen Bundeskanzlerin öffentlich. Erst die Recherchen des Nachrichtenmagazins »Der Spiegel« und seine Veröffentlichungen lösten bei der CDU-Kanzlerin öffentliche Reaktionen und einen kläglichen Ansatz von Empörung zum Vorgehen der USA aus. Diese offensichtliche Zurückhaltung findet sich, wie die bisherigen Dokumentationen dieses Buches belegen, im aufgezeigten Vasallenstatus Deutschlands zu den USA.

Aus diesen Fakten und der Abfolge des Geschehenen wird deutlich, dass Bundeskanzlerin Merkel die Überwachungs- und Spionageaffäre »unserer amerikanischen Freunde« im Bunde mit dem BND anscheinend auch weiterhin gerne unter der Decke gehalten hätte. Das alles zum Nachteil von Millionen Bürgern und Wirtschaftsunternehmen in Deutschland. Die Bundeskanzlerin war aber dem von ihr abgelegten Amtseid verpflichtet: »Ich schwöre, daß ich meine Kraft dem Wohle des deutschen Volkes widmen, seinen Nutzen mehren, Schaden von ihm

wenden, das Grundgesetz und die Gesetze des Bundes wahren und verteidigen, meine Pflichten gewissenhaft erfüllen und Gerechtigkeit gegen jedermann üben werde. So wahr mir Gott helfe.« [136]
Die aktuell laufenden Aktivitäten der deutschen und der US-Geheimdienste liegen als höchst vertrauliche Dokumente gut gesichert in deren Tresoren verborgen und werden wohl erst das Licht der Welt erblicken, wenn ein neuer »Whistleblower« wie Edward Snowden damit ans Tageslicht tritt. Stellen wir uns also vor, die Geheimdienste der USA und ihre Ableger in der BRD müssten, so wie das »Ministerium für Staatssicherheit« (MfS) der DDR im Jahre 1989/90 über Nacht alle bis dahin geheimen Dokumente offenlegen. Die Bürger der Bundesrepublik und der Staaten des vereinten Westens würden nach Kenntnisnahme der geheimdienstlichen Praktiken, ihrer eigenen Ausforschung und Überwachung wahrscheinlich in Schockstarre verfallen.

❖

Der 33. Präsident der USA, Harry S. Truman begleitete uns permanent durch die Dokumentation der »Macht-Scharade«. Truman war Unterzeichner des »Potsdamer Abkommens«, Gründer der US-Geheimdienste »Central Intelligence Agency (CIA)« und »National Security Agency (NSA)«, der Schöpfer des »Eisernen Vorhangs« und seiner »Truman-Doktrin«. Nach Beendigung der US-Präsidentschaft hatte der demissionierte Harry S. Truman eine weise Offenbarung. In den von ihm verfassten Memoiren notierte er: »Ich denke, [die Schaffung der CIA]

war ein Fehler. Und wenn ich gewusst hätte, was passieren würde, hätte ich das nie getan. Heute, so weit ich das beurteilen kann, berichten diese Kameraden in der CIA nicht nur über Kriege und dergleichen, sie gehen hin und machen ihre eigenen, und es gibt niemanden, der kontrolliert, was sie im Schilde führen. Sie geben Milliarden von Dollar aus, um Probleme zu verursachen, über die sie dann berichten können. Sie wurden [...] eine Regierung für sich und alles geheim. Sie sind niemandem Rechenschaft schuldig. Das ist eine sehr gefährliche Sache in einer demokratischen Gesellschaft und es muss gestoppt werden. Die Menschen haben ein Recht zu wissen, was diese Vögel treiben [...]. Und wenn man den Laden nicht aufräumen kann, weil alles, was vorgeht, ein verdammtes Geheimnis ist, dann sind wir auf dem Weg zu etwas, das die Gründerväter nicht im Sinn hatten. Geheimniskrämerei und eine freie, demokratische Regierung passen nicht zusammen.« [137]
Wo er recht hat, hat er recht.

14. »Abgesang«

Die hier dokumentierte fünfundsiebzigjährige deutsche Geschichte, vor allem das vierzigjährige »Operieren« zweier deutscher Staaten, prägten mein Leben und mein politisches Bewusstsein. Geboren wurde ich am 2. Juli 1949 in der ostsächsischen Stadt Zittau in der »Sowjetischen Besatzungszone«. Über die Lausitzer Neiße, dem heutigen Grenzfluss zu Polen, mussten 1945 gemäß dem »Potsdamer Abkommen« die zurückgebliebenen Bürger des ehemaligen »Großdeutschen Reiches«, vor allem Frauen, Kinder und alte Menschen, ihre Heimat, ihr Hab und Gut fluchtartig verlassen. Deren bisheriges Zuhause lag jetzt, wie von den Siegermächten über das faschistische Deutschland in Potsdam festgeschrieben, in Polen. Mitnehmen durften die ausgesiedelten Flüchtlinge nur, was sie in den Händen und am Körper tragen konnten. Zu diesen Ausgewiesenen gehörte auch meine Mutter. Ihr kurzer Fluchtweg begann im Heimat-Dorf Kleinschönau, führte über die Neiße und endete wie für andere Flüchtlinge auch in der drei Kilometer entfernt gelegenen Stadt Zittau. Kleinschönau heißt heute Sieniawka und ist eine Ortschaft in der polnischen Gemeinde Bogatynia.

Staatsrechtler und Buchautor
Jürgen Heidig

In Zittau wurde eine feuchtkalte Notbehausung im Gebäude einer ehemaligen Gärtnerei Mutters Zuhause. Diese »Herberge« sollte 1949 auch mein künftiges »Heim« werden und für viele Jahre bleiben.

Mit dem Überfall auf Polen am 1. September 1939 begann der barbarische faschistische deutsche Eroberungsfeldzug, – der Anfang von einem bitteren Ende. Die an jenem Tag formulierte Erkenntnis Bertolt Brechts machte ich mir zu eigen. Brecht schrieb

die unter Punkt sieben »Hoffähige Faschisten« zitierten Worte. »Es kann in einem Aufruf gegen den Faschismus keine Aufrichtigkeit liegen, wenn die gesellschaftlichen Zustände, die ihn mit Naturnotwendigkeit erzeugen, in ihm nicht angetastet werden. Wer den Privatbesitz an Produktionsmitteln nicht preisgeben will, der wird den Faschismus nicht loswerden, sondern ihn brauchen.«
Die offensichtlichen aktuellen Belege für eine solche »Entwicklung« artikulierte »Oxfam« am 15. Januar 2024 im Bericht »zur sozialen Ungleichheit 2024«:
»Seit 2020 haben die fünf reichsten Männer der Welt ihr Vermögen mehr als verdoppelt. Das entspricht einem Gewinn von 14 Millionen US-Dollar pro Stunde. Gleichzeitig sind weltweit fast fünf Milliarden Menschen ärmer geworden.
Diese zunehmende soziale Ungleichheit stellt Gesellschaften vor immer größere Zerreißproben. Sie verstärkt geschlechtsspezifische und rassistische Diskriminierungen, sie untergräbt die Demokratie und trägt maßgeblich dazu bei, dass die Klimakrise sich zu einer Katastrophe ausweitet. [...]
Alle Milliardär*innen zusammen sind heute um 3,3 Billionen US-Dollar (34 Prozent) reicher als 2020. Ihr Vermögen wuchs damit dreimal so schnell wie die Inflationsrate. [...] Das Gesamtvermögen der fünf reichsten Deutschen ist seit 2020 inflationsbereinigt um rund drei Viertel (73,85 Prozent) gewachsen, von etwa 89 auf etwa 155 Milliarden US-Dollar. 2023 haben Konzerne irrwitzige Gewinne angehäuft. 148 der weltweit größten Konzerne haben in den zwölf Monaten bis Juni 2023 insgesamt 1,8 Billionen US-Dollar an Gewinnen eingefahren.

Das entspricht einem Anstieg von 52,5 Prozent gegenüber den durchschnittlichen Nettogewinnen im Zeitraum 2018-2021.« [138]
Pressemitteilung »Destatis« vom 10. April 2024: »In Deutschland waren im Jahr 2023 gut 17,7 Millionen Menschen von Armut oder sozialer Ausgrenzung bedroht. Das waren 21,2 % der Bevölkerung [...]. Gegenüber dem Vorjahr blieben die Werte nahezu unverändert. So waren im Jahr 2022 rund 17,5 Millionen Menschen oder 21,1 % der Bevölkerung von Armut oder sozialer Ausgrenzung bedroht.« [139] Selbst die ARD-Tagesschau konstatierte am dreizehnten April 2024: »Armut in Deutschland. [...] Immer mehr Senioren in Deutschland sind auf die Tafeln angewiesen. [...] Angesichts hoher Mieten und Energiepreise dürften es in den nächsten Jahren noch mehr werden. [...] Laut Andreas Steppuhn, Vorsitzender der Tafel Deutschland, sind mittlerweile ein Viertel der Personen, die zur Tafel kommen, im Rentenalter. ›Sie beziehen geringe Renten oder Grundsicherung‹ [...] ›Die Altersarmut wird explodieren – besonders in Ostdeutschland‹, warnte der Verbandschef. [...] Laut dem Dachverband gab es mit Stand Februar 975 Tafeln mit mehr als 2.000 Ausgabestellen in Deutschland.« [140]
Angesichts dieses sozialen Dramas verwundert es nicht, dass rechtsradikale Kräfte drastisch erstarkten und faschistisches Gedankengut erneut Raum greifen konnte. Die vom Kapital gesteuerte antisoziale deutsche Politik mit dem Ergebnis der weiteren sozialen Spaltung und das unbewältigte faschistische Erbe nach 1945 in Westdeutschland bilden dafür den Nährboden. Wie unter Punkt sieben »Hoffä-

hige Faschisten« nachgewiesen, blieb das Gedankengut des »Großdeutschen Reiches« mit der Gründung des bundesdeutschen Separatstaates 1949 gut konserviert und hat es heute einfach wieder Fuß zu fassen. Wahlumfragen vom Januar 2024 bekundeten, bei künftigen Bundestagswahlen würden 22,8 Prozent [141] der Bundesbürger für die AfD votieren. Die niedergeschriebenen, seit 34 Jahren unbeachteten und ungelösten sozialen Probleme im 1990 angegliederten Ostdeutschland finden sich als direkte Reaktion in diesen Wahlprognosen wider. 28,5 Prozent der Ostdeutschen hätten Mitte Januar 2024 die AfD gewählt. Große Teile der seit 34 Jahren als Bürger II. Klasse behandelten ehemaligen DDR-Bürger wandten sich längst von den etablierten bürgerlichen Parteien ab. Keine dieser systemimmanenten und systemtragenden politischen Gruppierungen nahm sich in den zurückliegenden 34 Jahren der Beendigung ihrer sozialen Ungleichheit und Benachteiligung an. Vielen Ostdeutschen erscheint eine rechtsgerichtete Protestwahl als vermeintlich einziger erfolgversprechender Weg. Aber ein solcher Kurs führt, wie die deutsche Geschichte belegt, in eine neue Sackgasse und wird die dramatischen sozialen Probleme nicht lösen. Einziger Ausweg aus der akuten sozialen Katastrophe ist die Auflösung des Grundwiderspruchs zwischen dem gesellschaftlichen Charakter der Produktion und der privatkapitalistischen Aneignung ihrer Resultate.

❖❖❖

Quellenverzeichnis

[1] Quelle: Information des »Bundesministeriums für innerdeutsche Beziehungen« der BRD, 1985.
[2] Quelle: »Junge Welt«, 5. September 2023. Sevim Dağdelen, www.jungewelt.de/ artikel/458347. haushaltsdebatte-im-bundestag-sozialabbau-und-aufrüstung.html. Aufgerufen am 5. September 2023.
[3] Quelle: Jürgen Heidig, »Verteufelte Demokratie«, Verlag Wiljo Heinen 2015. www.vakanz13blog. wordpress.com/verteufelte-demokratie/.
[4] Quelle: https://ria.ru/20170823/1500789141. html. Aufgerufen am 23. August 2023.
[5] Quelle: »Amtsblatt des Kontrollrats in Deutschland, Ergänzungsblatt Nr. 1, S. 13-20. Mitteilung über die Dreimächtekonferenz von Berlin [›Potsdamer Abkommen‹] (02.08.1945), in: documentArchiv.de [Hrsg.]. http://www.documentArchiv.de/in /1945/potsdamer-abkommen.html.
[6] Quelle: Winston Churchill: Rede über den Eisernen Vorhang (1946) (alphahistory.com). Westminster College in Fulton (US-Bundesstaat Missouri) am 5. März 1946.
[7] Quelle: Harry S. Truman: Memoiren, 1946 bis 1953. »Band II: Jahre der Bewährung und des Hoffens«, Bern 1956, Seite 114.
[8] Karl Marx/Friedrich Engels, »Manifest der Kommunistischen Partei«, Dietz Verlag Berlin 1973, S. 7 (Text nach der letzten von Friedrich Engels besorgten Ausgabe von 1890, identisch mit Werke, Band 4, Seite 459– 493).
[9] Quelle: »Junge Welt«, 21. Oktober 2023. www.

jungewelt.de/artikel/461478.unblock-cuba-fort schritt-blockiert.html. Aufgerufen am 21. Oktober 2023.
[10] Quelle: »amerika21«, 3. November 2023. https://amerika21.de/2023/11/266656/un-fordert-ende-der-us-edgblockade. Aufgerufen am 3. November 2023.
[11] Quelle: »Amtsblatt des Kontrollrats in Deutschland, Ergänzungsblatt Nr. 1, S. 13-20. Mitteilung über die Dreimächtekonferenz von Berlin [›Potsdamer Abkommen‹] (02.08.1945), in: documentArchiv.de [Hrsg.]. http://www.documentArchiv.de/in /1945/ potsdamer-abkommen.html.
[12] Quelle: »Ludwig-Erhard-Stiftung«. www.ludwig-erhard.de/erhard-aktuell/forum/eine-fuldata ler-kaserne-historische-erinnerungsstaette-fuer-die -waehrungsreform-1948/. Aufgerufen am 19. Juli 2023.
[13] Quelle: »Geschichte der sowjetischen Außenpolitik 1945 – 1970«, Berlin 1971, Seite 182.
[14] Quelle: »Die Welt«, 19. Juni 1948.
[15] Quelle: Robert Murphy: »Diplomat unter Kriegern«, Berlin 1964, Seite 382.
[16] Quelle: »Frankfurter Allgemeine Zeitung«, 20. Juni 2008, Thomas Jansen. »Das Startkapital – Sechs Milliarden D-Mark«. www.faz.net/aktuell/gesellschaft/60-jahre-waehrungsreform-das-startkapi tal-sechs-milliarden-d-mark-1551079.html. Aufgerufen am 19. Juli 2023.
[17] Quelle: »Der Tag«, 19. Juni 1948.
[18] Quellen: www.jungewelt.de/artikel/453403. deutsche-nachkriegsgeschichte-separatstaat-in-gründung.html. Aufgerufen am 24. Juni 2023. Zi-

tat: Ernst Reuter: Schriften – Reden, Band III, Frankfurt am Main/Berlin/Wien 1974, S. 401.

[19] Quellen: www.jungewelt.de/artikel/453403. deutsche-nachkriegsgeschichte-separatstaat-in-gründung.html. Aufgerufen am 24. Juni 2023. Zitat: George S. Wheeler: Die amerikanische Politik in Deutschland 1945–1950, Berlin 1958, S. 223, zit. n. Peter Alfons Steiniger: Westberlin. Ein Handbuch zur Westberlinfrage, Berlin (DDR) 1959, S. 38.

[20] Quelle: Memorandum der Militärgouverneure zum Grundgesetz einer Abordnung des Parlamentarischen Rates in Frankfurt am Main überreicht, vom 2. März 1949. www.verfassungen.de/de49/grundgesetz-memorandum49.html.

[21] Quelle: Otto Grotewohl, »Rede 6. Tagung Deutscher Volksrat«, 19. März 1949, Seite 10.

[22] Quelle: Newsletter Bundestag, 17. August 2023, www.bundestag.de/presse/pressemitteilungen/2023/pm-230817-bonn-963048. Aufgerufen am 17. August 2023.

[23] Quelle: »Grundgesetz für die Bundesrepublik Deutschland vom 23. Mai 1949«, Präambel.

[24] Quelle: »Grundgesetz für die Bundesrepublik Deutschland vom 23. Mai 1949«, Einleitung.

[25] Quelle: »Unsere Zeit«, UZ vom 11. August 2023. www.unsere-zeit.de/weg-mit-dem-maulkorb-fuer-kriegsgegner-4782661/. Aufgerufen am 11. August 2023.

[26] Quelle: »Konrad Adenauer: Erinnerungen 1945–1953«, Stuttgart 1973, Seite 85.

[27] Quelle: Jean-Jacques Rousseau, »Vom Gesellschaftsvertrag oder Grundsätze des Staatsrechts« (1762), 1977, 2011, Reclam Verlag, Stuttgart,

Seite 43.
[28] Quelle: »Grundgesetz für die Bundesrepublik Deutschland vom 23. Mai 1949« (BGBl. S. 1), zuletzt geändert durch das Gesetz vom 11. Juli 2012 (BGBl. I S. 1478), Artikel 79 (2).
[29] Quelle: »1. Deutscher Bundestag, Stenographisches Protokoll der 13. Sitzung, 21. Oktober 1949«, Regierungserklärung, Seiten 307–309.
[30] Quelle:»Grundgesetz für die Bundesrepublik Deutschland vom 23. Mai 1949«, Präambel.
[31] Quelle: »Destatis«: Pressemitteilung Nr. 345 vom 31. August 2023. www.destatis.de/DE/Presse/Pressemitteilungen/ 2023/08/PD23_345_132.html. Aufgerufen am 3. August 2023.
[32] Quelle: http://www. bundes-tag.de/bundestag. Aufgerufen am 23. Februar 2015.
[33] Quelle: »Deutscher Bundestag - Ansprache von Dr. Wolfgang Schäuble als Alterspräsident bei der konstituierenden Sitzung des 20. Deutschen Bundestages«, 26. Oktober 2021. www.bundestag.de/parlament/praesidium/reden/2021/20211026-866254.
[34] Quelle: »www.gesine-loezsch.de«. Auszug aus dem Gutachten des »Wissenschaftlichen Dienstes des Bundestages« der BRD auf die Anfrage vom 7. Oktober 2008. Aufgerufen am 10. Februar 2015.
[35] Quelle: »Bundeszentrale für politische Bildung (bpb)«. https://www.bpb.de/nachschlagen/lexika/politiklexikon/18113/rechtsstaatsprinzip. Aufgerufen am 9. November 2020.
[36] Quelle: www.juraforum.de/lexikon/gewaltenteilung-horizontal-vertikal. Aufgerufen am 14. Februar 2020.

[37] Quelle: Jürgen Heidig, »Das Demokratie-tötende staatliche Herrschaftsprinzip des deutschen Monopol- und Finanzkapitals – frei nach den Thesen der ›Gewaltenteilung‹ des Charles-Louis de Secondat, Baron de La Brède de Montesquieu«. Hamburg 19. Februar 2021. ISBN 978-3-00-067567-6.
[38] Quelle: www.bundesrat.de/SharedDocs/texte/21/20210205-bundesrat1000-ueberblick.html. Aufgerufen am 18. Februar 2020.
[39] Quelle: https://www.bundesrat.de/DE/aufgaben/gesetzgebung/gesetzgebung-node.html ;jsessionid=AF4C052 BED9835 E472C45F845 61CB F9C.2_cid374. Aufgerufen am 18. Februar 2020.
[40] Quelle: https://de.wikipedia.org/wiki/Willi _ Geiger_(Richter). Aufgerufen am 17. August 2020.
[41] Quelle: »Monatsschriften für Auswärtige Politik«, Jg. 1941, Seite 749.
[42] (Erste) Note der sowjetischen Regierung an die Regierungen Frankreichs, des Vereinigten Königreichs und der Vereinigten Staaten vom 10. März 1952 (Stalin-Note), Europa-Archiv 7 (1952), 7. Folge, S. 4832–4833.
[43] Quelle: »Focus online«, »Die Legende vom Einheitsfürsten Josef Stalin«, 10. März 2012.
[44] Quelle: »Siegener Zeitung«, »Im Grunde wenig Neues: die ›Stalin-Note‹«, 17. März 1952.
[45] Quelle: »Siegener Zeitung«, »Im Grunde wenig Neues: die ›Stalin-Note‹«, 17. März 1952.
[46] Quelle: https: //de.wikipedia.org/wiki/John_ Jay_McCloy. Aufgerufen am 26. Juli 2019.
[47] Quelle: https://de.wikipedia.org/wiki/Atlantik-Brücke. Aufgerufen am 26. Juli 2019.
[48] Quelle:»Wikipedia«. Gerhard Graf von Schwe-

rin – Wikipedia. Aufgerufen am 15. November 2023.
[49] Quelle: »Junge Welt«. www.jungewelt.de/artikel/463004.persilschein-des-tages-12-november.html. Aufgerufen am 12. November 2023.
[50] Quelle: »ZDF Frontal 21«, »Juristen mit NS-Vergangenheit«, vom 7. Mai 2013.
[51] Quelle: https://de.wikipedia.org/wiki/Willi_Geiger_(Richter). Aufgerufen am 17. August 2020.
[52] Quelle: »ZDF Frontal 21«, Beitrag von Prof. Manfred Görtemaker, Historiker an der Universität Potsdam, vom 7. Mai 2013.
[53] Quelle: »Junge Welt«, »Im Tigerkäfig des CIA«, vom 14. August 2012.
[54] Quelle: Wikipedia, https://de. wikipedia.org/wiki/Liste_ehemaliger_NSDAP-Mitglieder,_ die_nach_Mai_1945_politisch_tätig_waren. Aufgerufen am 15. Mai 2012.
[55] Quelle: »NDR Hamburg Journal«, »Das Verbrechen von Sankt Anna di Stazzema«, vom 12. August 2013.
[56] Quelle: http:// www.keine-ruhe.org/node/10. Aufgerufen am 10. August 2013.
[57] Quelle: »ZDF heute.de«, »NSU-Ausschuss zieht vernichtende Bilanz«,vom 16. Mai 2013.
[58] Quelle: »ZDF Frontal 21«, »Verfassungsschutz Aufklärung verschleppt«, vom 13. März 2012, 21.00 Uhr.
[59] Quelle: »Die Zeit«, »Bundeswehr duldete bekennende Neonazis«. Aufgerufen am 8. November 2012.
[60] Quelle: »amerika21«, »Wie die Diktatur in Chile sich auf deutsche Nazis im BND verlassen konnte

| amerika21.«. Aufgerufen am 6. September 2023.
[61] Quelle: »DER SPIEGEL«, Ausgabe Nr. 28/ 1980 vom 7. Juli 1980. »Soldaten und Demokraten« von Karl-Heinz Hansen, Mitglied im Verteidigungsausschuss des Bundestages.
[62] Quelle: »Aufsätze über den Faschismus, 1933 bis 1939«. In: Bertolt Brecht, Gesammelte Werke Band 20, Frankfurt/Main, 1967, S. 188 f.
[63] Quelle: www.mahnmal-koblenz.de/PDF_LM /Adenauer_Erlass.pdf.
[64] Quelle: »Mitteilungen der Kommunistischen Plattform der Linkspartei, PDS«. »Vom Umgang mit deutschen Kommunisten – zum 50. Jahrestag des Verbots der KPD«. http://archiv 2007.sozialisten.de/ politik/ publikationen/kpf-mitteilungen/ view_html? zid =33522&bs=1&n =3. Aufgerufen am 13. August 2006.
[65] Quelle: Thomas Mann, »zum 10. Jahrestag der faschistischen Bücherverbrennungen 1943«.
[66] Quelle: BVerfGE 2, 1, 12, 23.10.1952.
[67] Quelle: Alexander von Brünneck, Beitrag in: »Politische Justiz gegen Kommunisten in der Bundesrepublik Deutschland 1949–1968«, Frankfurt/ Main 1978.
[68] Quelle: Alexander von Brünneck, Tagung: »Politische Strafjustiz 1951–1968, Betriebsunfall oder Symptom?«, Oktober 1997.
[69] Quelle: »Mitteilungen der Kommunistischen Plattform der Linkspartei, PDS«, »Vom Umgang mit deutschen Kommunisten – zum 50. Jahrestag des Verbots der KPD«. http://archiv 2007.sozialisten.de/ politik/ publikationen/kpf-mitteilungen/ view_html? zid =33522&bs=1&n =3. Aufgerufen

am 13. August 2006.
[70] Quelle: »Mitteilungen der Kommunistischen Plattform der Linkspartei, PDS«. »Vom Umgang mit deutschen Kommunisten – zum 50. Jahrestag des Verbots der KPD«. http://archiv 2007.sozialisten.de/ politik/ publikationen/kpf-mitteilungen/ view_html? zid =33522&bs=1&n =3. Aufgerufen am 13. August 2006.
[71] Quellen: www.jungewelt.de/artikel/456355. rundfunkgeschichte-links-von-bonn.html. Parteivorstand der KPD: Die KPD lebt! Hinweg mit dem Verbot!; zit. nach: Josef Forschepoth: Eindeutig verfassungswidrig. Das Verbot der KPD war Ausdruck des Kalten Bürgerkriegs zwischen den beiden nach 1945 entstandenen deutschen Staaten; in: junge Welt, 11. September 2017, S. 12 f. https://www.jungewelt.de/-artikel/317987.eindeutig-verfassungs widrig.html.
[72] Quelle: www.jungewelt.de/artikel/456355. rundfunkgeschichte-links-von-bonn.html. Parteivorstand der KPD: Die KPD lebt! Hinweg mit dem Verbot!; zit. nach: Josef Forschepoth: Eindeutig verfassungswidrig. Das Verbot der KPD war Ausdruck des Kalten Bürgerkriegs zwischen den beiden nach 1945 entstandenen deutschen Staaten; in: *junge Welt*, 11. September 2017, S. 12 f.; https://www.jungewelt.de/-artikel/317987.eindeutig-verfassungs widrig.html.
[73] Quelle: www.spd.de/fileadmin/Dokumente/ Beschluesse/Grundsatzprogramme/godesberger_ programm.pdf. Aufgerufen am 8. November 2023.
[74] Quelle: Kurt Georg Kiesinger – Wikipedia. Aufgerufen am 7. November 2023.

[75] Quelle: Jürgen Heidig, »Irrlichter der deutschen Sozialdemokratie«, 2016. ISBN 978-3-00-05 3044-9.
[76] Quelle: »Hamburger Programm, Grundsatzprogramm der Sozialdemokratischen Partei Deutschlands, Beschlossen auf dem Hamburger Bundesparteitag der SPD am 28. Oktober 2007«, Herausgeber: SPD-Parteivorstand Willy-Brandt-Haus, 10963 Berlin 1. Auflage, Seite 13.
[77] Quelle: »Hamburger Programm, Grundsatzprogramm der Sozialdemokratischen Partei Deutschlands, beschlossen auf dem Hamburger Bundesparteitag der SPD am 28. Oktober 2007«, Herausgeber: SPD-Parteivorstand Willy-Brandt-Haus, 10963 Berlin 1. Auflage, Seite 12.
[78] Quelle: »Hamburger Programm, Grundsatzprogramm der Sozialdemokratischen Partei Deutschlands, beschlossen auf dem Hamburger Bundesparteitag der SPD am 28. Oktober 2007«, Herausgeber: SPD-Parteivorstand Willy-Brandt-Haus, 10963 Berlin 1. Auflage, Seite 6.
[79] Quelle: www.mahnmal-koblenz.de/PDF_LM /Adenauer_Erlass.pdf.
[80] Quelle: »Junge Welt«, Ausgabe vom 14. Juni 2012, »Staatliche Willkür«. Aufgerufen am 14. Juni 2012.
[81] Quelle: Grundgesetz für die Bundesrepublik Deutschland vom 23. Mai 1949 (BGBl. S. 1), zuletzt geändert durch das Gesetz vom 21. Juli 2010 (BGBl. I S. 944), Artikel 33 2 (3).
[82] Quelle: »DER SPIEGEL«, Ausgabe Nr. 28/ 1980 vom 7. Juli 1980. »Soldaten und Demokraten« von Karl-Heinz Hansen, Mitglied im Verteidi-

gungsausschuss des Bundestages.

[83] Quelle: »Bildzeitung«, Ausgabe vom 6. April 2001.

[84] Quelle: Plenarprotokoll 15/32 dip21. bundestag.de, S. 2479 (D).

[85] Quelle: »Berliner Zeitung«, Ausgabe vom 21. Oktober 2023. www.msn.com/de-de/nachrichten/other/gerhard-schröder-im-interview-so-scheiterten-die-friedensverhandlung-zwischen-ukraine-und-russland/ar-AA1iB7Y6. Aufgerufen am 21. Oktober 2023.

[86] Quelle: https://m.tagesspiegel.de/wirtschaft/ich-bin-der-wirtschaftskompetenteste-kanzlerkandidat-was-experten-vom-selbstbild-des-olaf-scholz-halten/26707560.html. Aufgerufen am 14. Februar 2021.

[87] Quelle: »Junge Welt«, Ausgabe vom 5. September 2023, Beitrag von Sevim Dagdelen. www.jungewelt.de/artikel/458347.haushaltsdebatte-im-bundestag-sozialabbau-und-aufrüstung.html. Aufgerufen am 5. September 2023.

[88] Quelle: www.tagesschau.de/inland/innenpolitik/scholz-usa-102.html?at_medium=mastodon&at_campaign=tagesschau.de. Aufgerufen am 8. Februar 2024.

[89] Quelle: »© Bertolt-Brecht-Erben / Suhrkamp Verlag. Brecht-Archiv der DDR, publiziert in: Brecht, B.: Brief an Peter Suhrkamp (Juli 1953), in: Briefe 1913 – 1956, Berlin Weimar 1983, 746 Seiten, S. 656-659.«

[90] Quelle: Konrad Adenauer, Rede vom 17. Juni 1962.

[91] Quelle: Willy Brandt, Rede vom 17. Juni 1962.

[92] Quelle: »Junge Welt«, Ausgabe vom 29. Juli 2017. »Es ging ihnen um Rache, nicht um Gerechtigkeit«. https://www.jungewelt.de/ m/artikel/ 315382.es-ging-ihnen-um-rache-nicht-um-ge rechtigkeit.html.
[93] Quelle: »Junge Welt«, Ausgabe vom 14. Juni 2017. Rede Egon Krenz: »Ein Unbeugsamer«. https:// www.jungewelt.de/artikel/312346. ein-unbeugsamer.html?sstr=Egon%7CKrenz%7Czu%7 CHeinz%7CKe% C3%9Fler.
[94] Quelle: Jürgen Heidig, »Antithesen, Zwei Welten – Ein Leben«, 13. Februar 2018, ISBN 978-3-00-058982-9.
[95] Quelle: »Jungen Welt«, Ausgabe vom 17. Oktober 2020. »Neues Wundermittel«. https://www.jungewelt.de/artikel/388560.ende-der-sowjetun ion-neues-wundermittel.html. Aufgerufen am 17. Oktober 2020.
[96] Quelle: »Junge Welt«, Ausgabe vom 10. Januar 2020. »Vorhersehbarer Verrat«. https://www.jungewelt.de/artikel/370297.konterrevolution-vorhersehbarer-verrat.html. Aufgerufen am 10. Januar 2020.
[97] Quelle: »Aufzeichnung eines Gesprächs zwischen Michail Gorbatschow und James Baker in Moskau. (Auszüge) | Archiv für Nationale Sicherheit (gwu.edu)«. Aufgerufen am 31. Juli 2023.
[98] Quelle: »Junge Welt«, Ausgabe vom 10. Januar 2020. »Vorhersehbarer Verrat«. https://www.jungewelt.de/artikel/370297.konterrevolution-vorhersehbarer-verrat.html. Aufgerufen am 10. Januar 2020.
[99] Quellen: http://archiv2007.sozialisten.de/poli-

tik/publikationen/kpf-mitteilungen/view_html/n3/pp1/ bs1/ zid 4197. Aufgerufen am 1. Oktober 2015. Prawda Rossii vom 26. Juli 2000 über einen Vortrag Gorbatschows vor einem Seminar an der US-amerikanischen Universität in Ankara im Herbst 1999. Gerhard Feldbauer: Ein vorhersehbarer Verrat – Oder: Wer hat die DDR verraten und verkauft? (k-p-d.org).

[100] Quelle: »Junge Welt«, Ausgabe vom 24. September 2020. »Jahrhundertwitz des Tages: Michail Gorbatschow«. https://www.jungewelt.de/artikel/. Aufgerufen am 24. September 2020.

[101] Quelle: Jürgen Heidig, »Kapitalherrschaft oder Demokratie«, 12. November 2014, ISBN 978-3-95514-018-2.

[102] Quelle: »Beutezug Ost«, Dokumentarfilm, 2012. »Zero one film«, »Goldrausch – Die Geschichte der Treuhand«.

[103] Quelle: Friedrich Engels, »Die Entwicklung des Sozialismus von der Utopie zur Wissenschaft«, MEAW, Band V, Seite 469, Dietz Verlag Berlin 1970.

[104] Quelle: »Junge Welt«vom 5. Februar 2019, »Zukunft Ost«. »Die Ostdeutschen sind die Verlierer des Vereinigungsprozesses. Dem muss endlich Einhalt geboten werden. Ein Papier des Ältestenrates der Partei Die Linke.«

[105] Quelle: Egon Krenz, Quelle: www.unsere-zeit.de/ausgabe/uz-vom-2-oktober-2020/.

[106] Quelle: Helmut Kohl, Fernsehansprache anlässlich des Inkrafttretens des Vertrages über die Währungs-, Wirtschafts- und Sozialunion der DDR mit der BRD, 1. Juli 1990.

[107] Quelle: www.zeit.de/wirtschaft/2023-07/jahresbruttogehalt-ostdeutschland-ost-west-lohnunter schied. Aufgerufen am 18. Juli 2023.
[108] Quelle: www.interfax.ru/30years/800383.
[109] Quelle: Wortprotokoll des Deutschen Bundestages. www.bundestag.de/parlament/ geschichte/ gastredner/putin/putin_wort-244966. Aufgerufen am 4. Mai 2022.
[110] Quelle: »Das Parlament«, Ausgabe Nr. 20 vom 10. August 2015, 65. Jahrgang, Nr. 33-34. Aufgerufen am 10. August 2015.
[111] Quelle: Aufzeichnung eines Gesprächs zwischen Michail Gorbatschow und James Baker in Moskau. (Auszüge) | Nationales Sicherheitsarchiv (gwu.edu). Aufgerufen am 31. Juli 2023.
[112] Quelle: »Peking: National Endowment for Democracy ist ›zweite CIA‹«, 11 Mai 2022. https://de.rt.com/international/138092-peking-national-end owment-for-democracy/. Aufgerufen am 11. Mai 2022.
[113] Quelle: https://deutsch.rt.com/international/51443-trump-schlagt-nach-merkel-kritik/. Aufgerufen am 11. Juli 2018.
[114] Quelle: https://deutsch.rt.com /inland/90794 -weil-deutschland-bei-militaermission-nicht-mit macht-us-botschater-grenell-sieht-rot/. Aufgerufen am 1. August 2019.
[115] Quelle: »Junge Welt«, Ausgabe vom 5. September 2023. »Sozialabbau und Aufrüstung«. www.jungewelt.de/artikel/458347. haushaltsdebatte-im-bundestag-sozialabbau-und-aufrüstung.html. Aufgerufen am 5. September 2023.
[116] Quelle: www.swr.de/swraktuell/rheinland-

pfalz/kaiserslautern/treffen-zum-ukraine-krieg-auf-air-base-100.html. Aufgerufen am 24. April 2022.
[117] Quelle: »ARD Tagesschau«, Ausgabe vom 21. August 2019. https://www.tagesschau.de/inland/usa-truppen-deutschland-kosten-103.html.
[118] Quelle: www.zeit.de/wirtschaft/2023-05/deutschland-stationierung-nato-soldaten-ausgaben. Aufgerufen am 26. Mai 2023.
[119] Quelle: »Frankfurter Rundschau«, Ausgabe vom 29. Mai 2021. www.fr.de/politik/atomwaffen-sprengkoepfe-standorte-europa-usa-soldaten-nukleare-geheimnisse-90780410.html. Aufgerufen 21. Dezember 2023.
[120] Quelle: http://www.uni-protokolle.de/Lexikon/Atomwaffensperrvertrag.html. Aufgerufen am 18. Juli 2019.
[121] Quelle: www.https://de.wikipedia.org/wiki/Organisation_Gehlen. Aufgerufen am 1. September 2023.
[122] Quelle: www.https://de.wikipedia.org/wiki/Otto_John. Aufgerufen am 1. September 2023.
[123] Quelle: www.https://de.wikipedia.org/wiki/Otto_John. Aufgerufen am 1. September 2023.
[124] Quelle: »Frontal 21«, Sendung vom 20. November 2012, 21.00 Uhr. »Westen kontrollierte Ost-Post«.
[125] Quelle: »Grundgesetz für die Bundesrepublik Deutschland vom 23. Mai 1949«, Artikel 10 (2).
[126] Quelle: »Gesetz zur Beschränkung des Brief-, Post- und Fernmeldegeheimnisses (Gesetz zu Artikel 10 Grundgesetz) (G10) vom 13. August 1968«, (BGBl. I S. 949), § 10 (1).

[127] Quelle: Newsletter Bundestag, Nr. 16, 26. Januar 2024, »Beschränkung des Fernmeldegeheimnisses«, www.bundestag.de/presse/hib/kurzmeldungen-987904. Aufgerufen am 26. Januar 2024.
[128] Quelle: »Jetzt.de, Süddeutsche Zeitung«, Ausgabe vom 9. August 2013. »Nummern des Todes«. Aufgerufen am 9. August 2013.
[129] Quelle: »Amnesty International«, Bericht vom 22. Oktober 2013. »Auch deutsche Bundesregierung muss mögliche Kooperation offenlegen. USA verletzen Völkerrecht bei Drohneneinsatz in Pakistan«.
[130] Quelle: »ZDF Heute Journal« Sendung vom 12. August 2013. »Pofalla sieht Späh-Vorwürfe entkräftet«.
[131] Quelle: »Focus online« Ausgabe vom 13. September 2013. »Nicht nur der Bundesnachrichtendienst, sondern auch das Bundesamt für Verfassungsschutz liefert nach Medienberichten regelmäßig Daten an die National Security Agency (NSA) und andere US-Geheimdienste«.
[132] Quelle: »GMX.de« vom 7. September 2013. »Deutsche Behörden verschicken hundertausende stille SMS«.
[133] Quelle: »rbb-online.de«, »Schriftsteller marschieren zum Kanzleramt«. Aufgerufen am 18. September 2013.
[134] Quelle: »change.org.de.«, Petition vom 18. September 2013. »Deutschland ist ein Überwachungsstaat«. Aufgerufen am 18. September 2013.
[135] Quelle: »ARD-Sendung Fakt« vom 12. November 2013, 21.45 Uhr. »BND will bei Spionage mitmischen«.

[136] Quelle: »Grundgesetz für die Bundesrepublik Deutschland vom 23. Mai 1949«, Artikel 56.
[137] Quelle: Harry S. Truman, Memoiren 1955/56. http://www.washingtonsblog.com/2017/03/ president-created-cia-came-regret-said-cia-government-destroying-democracy.html. Aufgerufen am 1. September 2023.
[138] Quelle: www.oxfam.de/ueber-uns/publikationen/bericht-soziale-ungleichheit-2024. Aufgerufen am 15. Januar 2024.
[139] Quelle: »Destatis«, Pressemitteilung vom 10. April 2024. www.destatis.de/DE/Themen/Gesellschaft-Umwelt/Einkommen-Konsum-Lebensbedin gungen/Lebensbedingungen-Armutsgefaehrdung /_inhalt.html. Aufgerufen am 10. April 2024.
[140] Quelle: »ARD-Tagesschau« vom 13. April 2024. www.tagesschau.de/inland/innenpolitik/tafeln-senioren-100.html. Aufgerufen am 13. April 2024.
[141] Quelle: »AfD: Neueste Umfragewerte in aktuellen Wahlumfragen und im Wahltrend | Sonntagsfrage (dawum.de)«. Aufgerufen am 22. Januar 2024.

*Foto Seite 86, CDU-Wahlplakat. Aufgenommen am 7. Januar 2024. Ausstellung im Gastraum des »Rheinischen Hafen« Hamburg.

Die Bücher des Autors Jürgen Heidig

»Exzerpt«, Wagner Verlag 2012, ISBN 978-3-86279-475-1, 9,80 Euro.

»Vakante deutsche Demokratie«, united p.c. Verlag 2013, ISBN 978-3-85438-169-3, 9,80 Euro.

»Kapitalherrschaft oder Demokratie«, Verlag Wiljo Heinen 2014, ISBN 978-3-95514-018-2, 9,80 Euro.

»Verteufelte Demokratie«, Verlag Wiljo Heinen 2015, ISBN 978-3-95514-022-9, 10,00 Euro.

»Irrlichter der deutschen Sozialdemokratie«, Verlag Jürgen Heidig 2016, ISBN 978-3-00-053044-9, 9,80 Euro.
»EINE AGENDA DER INDOKTRINATION«, Verlag Jürgen Heidig 2017, ISBN 978-3-00-054684 -6, 9,80 Euro.
»Antihesen. Zwei Welten Ein Leben«, Verlag Jürgen Heidig 2018, ISBN 978-3-00-058982-9, 17,50 Euro.
»Traktate zur kapitalgsteuerten deutschen Politik und Gesellschaft«, Verlag Jürgen Heidig 2019, ISBN 978-3-00-061717-1, 8,80 Euro.
»Traktate ›II‹ zur kapitalgsteuerten deutschen Politik und Gesellschaft«, Verlag Jürgen Heidig 2020, ISBN 978-3-00-064683-6, 10,80 Euro.
»Das Demokratie-tötende staatliche Herrschaftsprinzip des deutschen Monopol-und Finanzkapitals ...«, »graue Reihe«, Verlag Jürgen Heidig 2021, ISBN 978-3-00-067 567-6, 5,80 Euro.
»Traktate ›III‹ zur kapitalgsteuerten deutschen Politik und Gesellschaft«, Verlag Jürgen Heidig 2022, ISBN 978-3-00-071471-9, 11,80 Euro.
»Krisenherd Deutschland, – ›Cum-Ex‹-Steuerraub – und Bundeskanzlere Olaf Scholz«, »graue Reihe«, Verlag Jürgen Heidig 2023, ISBN 978-3-00-074760-1, 11,80 Euro.

❖

Informationen zu allen Büchern finden Sie auf

vakanz13blog.wordpress.com

Die Publikationen erhalten Sie in Ihrer Buchhandlung oder direkt beim Verlag/Autor Jürgen Heidig. Bestellung per Mail an: autor-und-verlag-heidig@gmx.de.

Redaktionsschluss: 13. April 2024

Autor und Selbstverlag Jürgen Heidig
Max-Herz-Ring 24, 22159 Hamburg

Internet: vakanz13blog.wordpress.com
Mail: autor-und-verlag-heidig@gmx.de

Druck, Umschlag und Weiterverarbeitung:
Prime Rate Kft., Ungarn. Printed in the EU.

»Macht-Scharade
+Dokumentation+
75 Jahre BRD«
hat die
ISBN 978-3-00-078102-5

Bibliografische Information
der Deutschen Nationalbibliothek
Die Deutsche Nationalbibliothek verzeichnet diese Publikation in der Deutschen Nationalbibliografie; detaillierte bibliografische Daten sind im Internet über http://dnb.dnb.de abrufbar.